나는
잠자는동안에도
해외주식으로
돈번다

나는 잠자는동안에도 해외주식으로 돈번다

초판 1쇄 2021년 07월 28일

기획 김도사(김태광) | **지은이** 주이슬 | **펴낸이** 송영화 | **펴낸곳** 굿웰스북스 | **총괄** 임종익

등록 제 2020-000123호 | **주소** 서울시 마포구 양화로 133 서교타워 711호

전화 02) 322-7803 | **팩스** 02) 6007-1845 | **이메일** gwbooks@hanmail.net

© 김도사, 주이슬, 굿웰스북스 2021, *Printed in Korea*.

ISBN 979-11-91447-43-9 03320 | 값 **16,500원**

부자 될 주린이를 위한 해외투자 성공 7법칙

나는
잠자는 동안에도
해외주식으로
돈 번다

FOREIGN STOCK

김도사(김태광) 기획 | **주이슬** 지음

굿웰스북스

주이슬 작가에게 열광하는
수많은 유튜브 댓글!

- 감사합니다. 주식투자의 성공을 위한 영상~ 내가 경험을 해봐야 한다. 작은 돈으로 시작해보자.
  – 이**TV

- 주식 초보자에게 도움 되는 영상이네요. 첫 걸음은 ETF부터! – sh**

- "내가 주린이라는 것을 인정하고 시작하라. 주식을 잘 모른다면 시장지수에 투자하라. 경험을 통해서 타이밍을 공부해라. 주식을 파이프라인을 구축하는 마음으로." 오늘도 영상 잘보고 갑니다. 대표님과 같이 주식투자 즐겁게 하고 있지만 이 영상보고 다시 흐트러진 마음과 욕심을 다 잡을 수 있네요. 지금은 작은 수익일지라도 부자가 되기 위한 파이프라인을 구축하는 마음으로 생각하고 투자하겠습니다. 감사합니다.
  – so**

- 결국 ETF가 답이다. 확신이 생겼습니다. 감사합니다. – 나**이

- 주식과 경제의 흐름을 지난 과거의 역사를 통해서 세심하게 훑어주셨네요. 그리고, 최근 상황까지 잘 정리해주셔서 많은 도움이 됩니다. 감사합니다.~~ ^^ – 이**

- 시장에 투자하는 지수투자! 한투협에서 함께합니다!! 투자에 이른 나이도 늦은 나이도 없습니다~! 바로 지금이 적기네요!! – 정**TV

- 주식을 전혀 몰랐는데 좋은 말씀 감사합니다. 오늘 선생님 강연 듣고 주식을 해보려고 합니다. 하나씩 알려주셔서 감사합니다. 앞으로도 많은 가르침 주셔요. – 신**

- 부동산 투자 → 이미 투자를 많은 사람들이 했고, 규제가 많습니다! 가장 쉽게 접근할 수 있는 것 → 주식이다!!! ETF 1만 원, 2만 원 소액으로 주식을 꾸준히 늘려가는 투자를 할 수 있다. 직장에 다닐 때 파이프라인을 만들어야 한다!! 직장인일수록 ETF를 시작해야 하는 이유!! 감사합니다. – 슬기**

- 쉽게 따라 하는 주식 투자! 찬찬히 따라가다 보니 매수할 수 있네요!! – 책읽**

• 이렇게나 주식이 쉽다니! 덕분입니다. 제대로 배워 현재 22% 수익률입니다!

                                                    – 인생**

• 왕초보인 제게 딱 맞는 영상입니다. 유익한 공부 잘하고 갑니다.^^♡　　　 – 이**

• 너무 시원한 말씀 감사합니다~♡ 주이슬 코치님 말씀만 들어도 부자된 듯해요~^♡
^ 주식이 참 어렵고 안 된 이유 알아가는 참 교육 중입니다~♡　　　　 – 조**

• 좋은 내용이네요. 시기는 중요하지 않은 것 같습니다. 자산을 모아가는 게 중요한 것
같네요. 화이팅입니다~~~~~^^　　　　　　　　　　　　　　　　 – 매일**

• 덕분에 호황기뿐만 아니라 불황기에도 수익을 유지할 수 있는 것이 ETF라는 것을 알
았습니다. 감사합니다.　　　　　　　　　　　　　　　　　　　　　 – ET**

• 시대에 맞는 방법으로 투자합니다. 지수 투자 진작에 알았다면..ㅜㅜ ETF 미리 알았
다면 펀드 안했답니다. 정보 감사합니다.　　　　　　　　　　　　 – 행운**

• 주식여신님의 영상을 보니깐 힘이 납니다. 직장인들이 많은 시간을 투자하지 않고도
수익을 내는 재테크를 할 수 있겠습니다!! 좋은 영상 감사합니다!!!^^　 – 김**

• 초보 투자자의 마인드 관리. 자신의 투자 스타일을 파악하면서 해봐야겠네요.영상감
사합니다.　　　　　　　　　　　　　　　　　　　　　　　　　　 – 이**

• 와! 저는 반대로 생각했어요. 부자들은 마음의 여유가 있으니까 긍정적이겠지 했는
데 긍정적인 마인드로 부를 계속 끌어당기고 있는 거였군요~~ 많이 배워갑니당, 주
식여신님^.^　　　　　　　　　　　　　　　　　　　　　　　　 – **히

• ETF가 답이다. 많이 배우겠습니다. 저만의 연금! 생각만 해도 멋집니다. 감사합니
다.　　　　　　　　　　　　　　　　　　　　　　　　　　　　　　 – 이**

• '주식은 도박이다!!'라는 말을 어른들게 듣고 살았는데. 조금씩 알게 되면서 주식은 투
자이며 반드시 해야 하는 것이라는 생각이 듭니다. 저도 지수 투자로 원하는 삶에 날
개를 달고 갑니다. 좋은 영상 감사드려요 ^^　　　　　　　　　　 – E**ae

• 국내 주식만 관심있게 봤는데, 해외주식 투자가 이렇게 좋은 건지 몰랐네요. 앞으로
는 해외 쪽도 봐야겠네요. 영상 잘 봤습니다.　　　　　　　　　 – **더잔

지금 당신이 해외주식 투자를 해야 하는 5가지 이유

해외주식 투자는 최대의 기회다

보통 '주식 투자' 하면 한국주식부터 시작해야 된다고 생각합니다. 왠지 쉽게 익힐 수 있을 것 같아 마음이 편해서 그럴까요? 그러나 해외주식도 정말 쉽게 할 수 있다면 어떨까요?

사실은 해외주식이 훨씬 안전하고 쉽습니다. 이제부터 해외주식 투자의 모든 것을 차근차근 알려드리려고 합니다.

그렇다면 해외주식 투자는 왜 해야 할까요? 다음과 같은 5가지 이유 때문입니다.

① 내 시간과 돈을 가져가는 글로벌 기업은 한국에만 있지 않다.
② 돈을 잃지 않아야 한다는 제1의 원칙을 지키기 위해서 해외주식은 필수다.
③ 자산가라면 당연히 리스크 회피를 위한 시장 배분 전략을 취한다.

④ 기축통화인 달러는 전 세계가 인정하는 화폐이자 자산이다.

⑤ 한국 특유의 재벌 경영에 대한 리스크가 없다.

① 글로벌 시대에 경쟁력 있는 기업은 한국에만 있지 않습니다. 기업들은 이제 전 세계에서 경쟁을 합니다. 한국 기업도 세계 시장에서 인정받는 기업이 되고자 하고, 될 수 있고, 되고 있습니다. 평상시에 소비하는 물건들도 전 세계에서 옵니다. 전 세계가 하나라는 것을 인식하고 주식 투자를 하세요. 투자를 한국에서만 해야 하는 시대는 갔습니다. 한국기업 중 하나를 고르고 골라 투자하는 것보다 전 세계에서 잘 나가는 기업들을 뽑아서 투자를 하는 것이 훨씬 더 안전합니다.

② 돈을 잃지 않기 위해서는 반드시 좋은 기업에 투자해야 하기 때문입니다. 단순히 '돈 놓고 돈 먹기'라는 마음으로 남들이 추천하는 곳, 단순히 당장 수익이 나는 곳들에 집중하지 말고 '좋은 기업'에 투자하세요. 당연하지만 좋은 기업은 한국에만 있는 것이 아닙니다. 단순히 수만 놓고 봐도 어마어마한 차이가 납니다. 때문에 좋은 기업, 좋은 시장에 투자

를 하고 싶다면 당연히 해외 투자는 필수입니다.

③ 자산가들처럼 리스크를 견디기 위해서는 안정성을 가져야 하기 때문입니다. 특히 한국시장은 대외변동성에 의해 심하게 충격 받습니다. 시장이 떨어질 때 기업들도 다 떨어져요. 충격을 완화시켜주는 자산 배분이 필요합니다. 그것이 바로 시장지수 투자, 해외시장에 대한 투자입니다. 현명하게 자산을 지키면서 투자하고 싶다면 해외지수, 해외시장에 대한 배분 투자는 반드시 필요합니다.

④ 기축통화인 달러에 투자할 수 있기 때문입니다. 해외주식 투자를 하면 달러를 보유하는 셈입니다. 이 세상의 유일한 돈이면서 동시에 안전한 자산인 달러에 투자하는 가장 좋은 방법은 달러를 사서 투자해두는 것입니다. 수익 면에서 좋은 결과가 나올 수 있습니다.

⑤ 한국 특유의 재벌 경영에 대한 리스크가 없기 때문입니다. 물론 기업에는 모두 리스크가 있지만, 한국의 경우에는 오너 리스크가 워낙 큽

니다. 오너의 권력이 큰 재벌 문화가 있기 때문입니다. 반면 해외 투자의 경우에는 보다 정보 열람이 투명한 기업에 투자할 수 있습니다. 만약 한국 기업에 대한 확신이 없다면 해외 기업에 대한 투자를 먼저 시작하는 것이 좋습니다.

마음 편하게, 안전하게 투자를 하고 싶다면 전 세계의 자산으로 굴리세요. 해외주식 투자는 최고의 방법입니다.

누구나 가능합니다. 젊은 사람들이 미국시장에서 시드머니를 키울 수도 있고, 노후자금을 안전하게 불리기 위해 넣어놓을 수도 있습니다. 직장인들은 월급에서 일부를 떼어 적립식으로 투자를 시작할 수도 있으며, ETF를 통해 소액으로도 충분히 투자의 세계에 뛰어들 수 있습니다.

해외주식 투자를 하고 싶은 마음이 생겼나요? 그렇다면 이제 이 책을 읽을 준비가 된 것입니다. 해외주식 투자에 대한 개념과 방법을 잘 배워서 실천하기를 바랍니다.

아직 해외주식 투자를 해도 될지 긴가민가하다면, 역시 이 책을 읽어야 합니다. 이 책을 읽고 나면 반드시 생각이 바뀔 것입니다.

해외주식 투자로 일하지 않는 순간에도 돈을 벌 수 있는 시스템, 여러분이 잠자고 있는 시간에도 꾸준히 돈을 벌 수 있는 시스템을 구축하시길 바랍니다.

CONTENTS

CHAPTER 1
나는 잠자는 동안에도 해외주식으로 돈 번다!

CHAPTER 4
해외주식 투자 필승 실전 6원리

CHAPTER 5
해외주식 투자가 준비된 미래를 만든다

FOREIGN STOCK

나는
잠자는 동안에도
해외주식으로
돈 번다!

전 세계 기업의 CEO들이
나를 위해 일하게 하라

잠자는 동안에도 돈이 들어오는 시스템을 꿈꾼다면

많은 직장인들이 퇴근 후에도 일을 합니다. 일확천금을 노리고 로또를 사거나 코인 투자를 시작하기도 합니다. 그러나 이런 방법으로는 부자가 되기 어렵습니다.

밤에 잠을 자고 있을 때 계좌에 계속 돈이 들어온다면 어떨까요?

어떻게 하면 우리가 잠을 잘 때도 돈을 벌 수 있을까요?

바로 해외주식 투자입니다.

우리가 잠을 자는 시간에 해외주식시장은 열려 있습니다. 전 세계에서 가장 큰 미국만 하더라도 장 열리는 시간이 한국 시간으로 밤 11시 반에서 새벽 6시까지입니다. 미국의 서머타임으로 1시간 앞당겨져도 10시 반에서 5시입니다. 요즘 서학개미라고 불리는 분들이 밤에 잠을 못 잔다고 하지만, 장기적으로 투자를 한다면 주식 창을 계속 보고 있을 필요는 없습니다. 주식과 시장에 대한 믿음이 있고, 적당한 시기에 매수해두고 다달이 적립식으로 투자를 해나간다면 마음 편하게 할 수 있습니다. 해외주식 투자는 우리가 잠자고 있는 시간에 돈이 들어오는 시스템입니다.

시장지수부터 시작하라

직장인들이라면 이런 생각에 공감할 겁니다.

'나는 이 회사의 부품이나 다름없어. 내가 없어져도 대체자가 들어올 것이고, 그러면 회사는 아무 문제없이 돌아가겠지? 내가 회사에 다니는 이유가 뭐지?'

'하지만 회사가 없으면 어떻게 먹고살아? 그만두면 당장 돈 나올 데도 없는데.'

해외주식 투자에 관심을 가지는 바로 지금, 이 생각이 가장 많이 들지도 모릅니다. 너무 기죽지 마세요. 그리고 두려워하지 마세요. 자료들을 모아 판단하고, 그 판단에 대한 결과를 보고, 결과가 마음에 들지 않으면 정정해서 앞으로 나아가면 되는 겁니다. 열심히 직장에 다니면서 꿈을 펼치기 위해 준비하는 과정이라고 생각하면 됩니다. 그러기 위해서는 유행만 따라가는 짧은 투자를 해서는 안 됩니다.

많은 사람들이 '테슬라'에 투자를 하고 싶어 합니다. 전 세계에서 이슈가 되는 한 사람, 한 기업의 CEO, 그 기업에 투자를 하고 싶어 하는 마음은 당연합니다. 그러나 해외주식 투자를 처음 할 때는 유행을 따라가는 투자를 하기보다는 시장지수부터 투자를 하는 것이 좋습니다. 어떤 나라든 성장을 하는 기업들이 나오고 발전하고 혁신하기 때문에 그 나라의 국력이 강해지고 시장이 강해질수록 수익이 됩니다.

오히려 국내 종목을 하나하나 고르시는 것보다 해외주식 투자를 하는 것이 더 마음 편히 투자할 수 있습니다. 코스닥시장 개설 이후 지금까지 상장된 회사는 총 2,443사인데, 그중 상장폐지된 것이 943사입니다. 상장폐지율이 30%가 넘습니다. 더구나 일반인들은 그런 정보를 미리 얻기도 굉장히 어렵습니다. 그러나 미국, 인도, 유럽, 일본, 중국 시장이 어떻게 움직이는지는 비교적 정보를 얻기 쉽습니다. 관련 어플을 깔면 실시간으로도 확인할 수 있습니다. 이런 시장들이 어떻게 움직이는지를 보는 재미는 덤입니다.

물론 '어떤 한 기업에 대해서 흔들리지 않는 믿음을 가질 수 있다. 사놓고 −30%, −50% 가도 이 기업이 보석이라고 믿는다.'라면 괜찮습니다. 그러나 그게 아니라 '남들이 좋다는 데는 이유가 있겠지. 지금 정말 뜨고 있는 기업들을 나도 한번 해봐야지 않겠어?' 한다면 조금씩은 괜찮지만 목돈이 들어가서는 안 됩니다.

전 세계 기업의 CEO들이 나를 위해 일하게 하라!

저는 신입사원 때 돈을 어떻게 불려야 하나 고민이 많았습니다. 그러다 브라질 채권 펀드가 한창 뜨고 있다는 정보가 들어와서 뭔지도 모르고 들어갔다가 수익이 났었습니다. 그때 수익을 본 경험이 저한테는 신선한 충격이었습니다.

'한국에만 투자하는 건 우물 안 개구리구나!'

해외에는 한국보다 더 잘사는 나라, 어떤 분야에서는 타의추종을 불허하고 잘 나가는 나라, 이제 막 떠오르기 시작해 높은 성장률을 보이는 나라들이 있습니다. 그 각각의 나라에서 잘 나가는 기업들은 물론 세계에서도 뛰어난 실적을 기록하는 기업들입니다.

그리고 해외주식 투자를 한다는 것은 우리가 그 기업들의 뛰어난 CEO의 '주주'가 됐다는 것입니다. 즉 우리가 밤에 잠을 자고 있어도 전 세계 기업의 CEO들이 나를 위해 일하고 있다는 말입니다.

한 기업의 CEO는 보통 사람들보다 일을 열 배는 더 하는 사람들입니다. 작은 기업의 CEO라도 만나보면 부지런하고 실행력이 뛰어나고, 생각지도 못한 아이디어를 내고, 그것을 빠르게 현실화시키는 굉장한 분들이 많습니다. 그런데 글로벌 기업의 CEO라면 어떨까요? 일론 머스크는 화장실에서도 핸드폰으로 메일을 체크하는 등 계속해서 일한다고 합니다. 그런 사람들이 이끄는 기업의 주주가 되어서 나의 돈을 굴릴 수 있다는 건 굉장한 일입니다.

열심히 직장을 다니면서 밤에 자기 전이나 일어나서 주식 투자를 해놓은 것을 보세요. 퇴근 후, 밤새도록 그냥 잠만 자는 분들과는 다른 삶을 살게 될 겁니다. 우리가 일하고 있지 않는 순간에도 일을 해주는 자산들이 있기 때문입니다.

해외주식 투자가 어려워보이나요?
여러분이 할 수 없을 것 같은가요?

관점을 바꾸셔야 합니다. 제2의 인생을 꿈꾼다면 해외주식 투자를 반드시 해야 합니다.

매월 배당금 지급하는 미국ETF DIA 추천

DIA는 다우지수를 추종하는 ETF입니다. 다우30이라고도 불리는 다우지수는 2021년 들어 13.6% 상승했습니다. 1896년에 시작되어 역사가 오래된 지수입니다. 다우지수를 구성하고 있는 30개 종목은 시장 지위를 선도하고 있는 기업으로 변동성이 커지거나 경기침체기에도 투자자들이 선호하는 종목들입니다. DIA는 월배당을 주는 ETF로 매월 수익을 안정적으로 확보하고 싶을 때 편입하기 좋은 ETF입니다.

현재 배당수익률은 1.58%입니다.

전일 종가	349.73	금일 변동	346.34–350.74	투자수익률(TTM)	4.25%
금일 시가	350.72	52주 변동폭	259.94–351.09	배당금(TTM)	5.54
거래량	5,710,392	총 시가	23.47B	배당수익률	1.58%
평균 거래량	3,875,979	총 자산	12.23B	베타	0.99
1년 변동률	29.99%	발행주식수	82,892,867	자산등급	주식

(출처: 인베스팅닷컴)

• • •

> 잠자는 동안에도 돈이 들어오는 방법을 찾아내지 못한다면 당신은 죽을 때까지 일해야만 할 것이다. - 워런 버핏

- 미국시장은 밤에 열려 있다! 23:30~6:00

  (서머타임 22:30~5:00)

- 투잡을 하는 것보다 투자를 하는 것이 낫다

- 기업을 고르는 것보다 자산을 고르는게 쉽고 안전하다

- 주식 투자란, 나를 위해서 전 세계의 CEO가 일하게 만드

  는 것이다

한국은 글로벌 주식시장의 2%에 불과하다

미국은 전체 시장의 50%, 한국은 2%

한국시장 안에서만 주식 투자를 하려고 하면 편협한 시선으로 하게 됩니다.

대형마트에 가서 물건을 고르면 선택권이 많습니다. 또한 회전율이 빠르니 신선한 것들을 살 수가 있습니다. 주식시장에서도 똑같습니다.

큰 시장에 가야 선택권도 많고 좋은 물건도 많습니다. 해외주식에서 가장 큰 시장은 미국시장입니다. 전체 주식 시장에서 50% 가까이 차지합니다. 그 뒤를 일본, 중국 등이 잇고 있지만 전 세계에서 잘나가는 기업들은 웬만하면 미국에 상장이 됩니다. 미국시장에는 한국시장과 비교할 수 없을 정도로 선택지 자체가 많습니다. 그중에서 투자할 기업을 고르는 것이 전 세계에서도 경쟁력이 있는 기업에 투자하는 것이 됩니다.

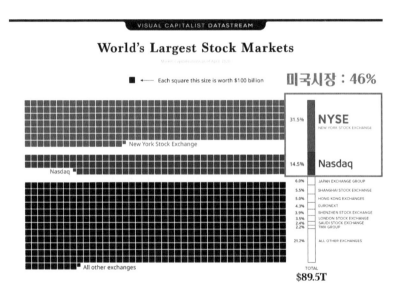

(출처 : https://www.visualcapitalist.com/the-worlds-10-largest-stock-markets/)

이번엔 미국 마트를 생각해봅시다. 한국 음식은 많지 않습니다. 인기 있는 라면이나 김 정도입니다. 미국 마트에서는 남미 음식, 일본 음식 등 다양하게 판매합니다. 주식시장도 마찬가지입니다.

전 세계 시장에서 한국시장은 2%입니다. 한국에서 메이저 은행인 신한은행이 전 세계에서 50~70위 정도를 넘나드니, 경쟁력이 강한 편은 아닙니다. 이런 2% 시장에서 좋은 기업을 찾아 투자 타이밍을 잡으려고 하니 어려운 싸움일 수밖에 없습니다.

Brand Finance Banking 500 (USD m).

Top 500 most valuable banking brands 51-100

2021 Rank	2020 Rank		Brand	Country	2021 Brand Value	Brand Value Change
51	49	↓	Discover	United States	$5,576	-14.7%
52	41	↓	Société Générale	France	$5,082	-31.0%
53	46	↓	Banco Itaú	Brazil	$5,065	-25.9%
54	70	↑	Hua Xia Bank	China	$5,054	+24.7%
55	57	↑	Crédit Mutuel	France	$5,050	+4.2%
56	63	↑	Shinhan Financial Group	South Korea	$5,027	+7.6%
57	44	↓	Lloyds Bank	United Kingdom	$4,940	-30.3%
58	56	↓	Crédit Agricole	France	$4,834	-14.5%
59	53	↓	NatWest	United Kingdom	$4,822	-18.8%

(출처: https://brandirectory.com/rankings?sector=Banking)

장기적으로 보면 우상향 하는 큰 시장이 좋다

주식 투자에 열정이 생겨서 시작은 했는데 어디에 투자했는지 잊어버린 경험을 한 적 있나요? 처음부터 좋은 시장, 좋은 기업에 투자를 해뒀다면 다행이지만, 유행 따라서 확 넣어놨다가 까먹었을 경우에는 큰일입니다. 나중에는 복권을 긁는 심정으로 계좌를 확인하게 됩니다. −30%를 넘어 절반이 되어 있는 경우가 많습니다. 단기 투자자들은 이미 수익 내고 나왔을 겁니다. 그런데 관심도 없는 기업을 모르는 상태에서 넣어놨으니, 손해를 볼 수밖에 없지 않을까요?

제대로 된 투자는 넣어놓고 전전긍긍하는 투자가 아닙니다. 넣어놓고 마음 편하게 기다리는 투자입니다. 초보가 그렇게 하기 위해서는 가장 큰 시장, 가장 큰 기업을 위주로 투자를 하는 것이 좋습니다. 그리고 그런 시장은 대부분은 해외에 있습니다.

제가 한국주식 투자를 하면서 가장 힘들었던 시기는 2011년부터 2016년까지입니다. 이때 코스피지수가 5년 동안 횡보를 했습니다. 그런데 똑같은 시기, 2011년부터 2016년 미국시장을 보면 끊임없이 우상향입니다.

〈2011부터 2016년까지 횡보하는 한국〉

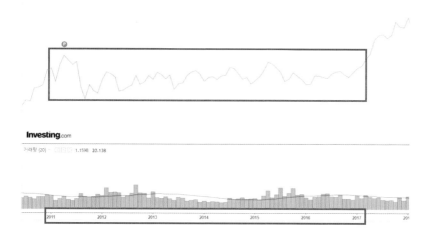

〈2011부터 2016년까지 우상향 하는 미국〉

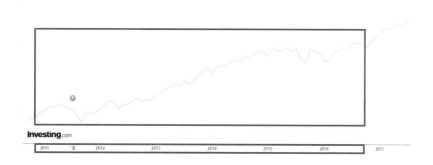

(출처: 인베스팅닷컴 차트 활용)

즉, 장기 투자자 입장에서 꾸준히 적립식으로만 투자를 할 때는 해외 주식에 묻어두는 것이 더 안전한 투자일 수 있습니다. 게다가 한국시장은 침체와 확장의 순환 주기가 짧아서 계속 매매해야 수익을 내고 지킬 수 있으니 주식에 대한 공부도 더 많이 하고 경험도 많이 해야 됩니다. 초보자가 장기 투자하기에는 어려운 시장입니다.

요새는 세계의 뉴스를 실시간으로 접할 수 있습니다. 생각지도 못한 나라에서 혁신이 일어나고 있습니다. 이런 뉴스를 접하면서도 투자 기회를 놓치는 것은 아쉬운 일입니다.

해외주식 투자는 기회를 더 빠르게 잡을 수 있는 투자입니다. 외국의 강점을 찾아서 마음 편하게 할 수 있는 투자입니다.

• • •

> 하루에 몇 포인트가 하락하든, 결국 우수한 기업은 성공하고, 열등한 기업은 실패할 것이다. 투자자들도 여기에 합당한 보상을 받을 것이다. – 피터 린치

– 미국은 전체 시장의 약 50%, 한국은 2%를 차지한다

– 장기적으로 보면 우상향 하는 큰 시장이 좋다

– 우상향 하는 시장에 투자해야 마음 편하게 투자를 지속할 수 있다

– 해외주식 투자는 기회를 더 빠르게 잡을 수 있는 투자이다

해외주식 투자로 안정성과
수익성을 동시에 잡아라

안정성과 수익성은 투자자들이 가장 원하는 두 마리 토끼입니다. 안전한데 수익까지 난다? 안 할 이유가 없습니다. 그런데 이것을 해외주식 투자로 둘 다 잡을 수 있습니다.

거시적으로 보고 투자하라

주식 투자를 하는 모든 사람들에게 공평한 점이 하나 있습니다.

"시장은 누구도 예측할 수 없다."

외국인 투자자든 개인 투자자든 기관 투자자든, 투자자들은 어떻게 시장이 흘러갈지 모릅니다. 그 속에서 각자의 전략으로 시장을 헤쳐나갈 뿐입니다. 한국에서 기관 투자자들은 역사적으로 전략이 있어왔던 그룹입니다. 반면 개인 투자자는 신규 유입이 많다 보니 각자의 생각에 따라서 투자를 합니다.

다행스러운 것은 주식도 사람들이 모여 있는 시장이기 때문에 살아 있는 생물처럼 움직이며 파동을 그린다는 점입니다. 시장의 파동을 느끼면 떨어지는 것도, 올라가는 것도 당연합니다.

그러나 이 불확실한 시장에서 확실한 한 가지가 있습니다. 국가는 사라지지 않는다는 것입니다. 국가는 끈질긴 생명을 가졌습니다. 아무리 부도가 나도 다시 살아납니다. 그리스는 부도가 났지만 엮여 있던 다른 나라들이 도와주고 시간이 지나면서 다시 회복했습니다.

이때 생각을 해봅시다. 부도가 난 나라가 다시 살아난다는 것은 회복이 된다는 뜻입니다. 이때가 바닥을 딱 치고 올라오는 시점입니다. 투자자 입장에서는 바로 이 '바닥을 딱 치고 올라오는 시점'이 가장 좋은 투자 타이밍입니다. 회복된 경기에 따라 기업들은 성장을 하고, 사람들은 소비를 할 것입니다.

해외주식 투자를 하면 이렇게 시장에 대한 거시적인 투자, 넓게 보는 투자를 할 수 있습니다. 긴장이 적고 마음도 편하게 투자할 수 있는 방법입니다.

해외주식이 더 안전한 이유

왜 국내주식보다 해외주식이 더 안전할까요?

3가지 이유가 있습니다.

① 기업들이 투명하게 운영됩니다.

② 달러에 대한 투자가 됩니다.

③ 국가 분산이 가능합니다.

① 기업들이 투명하게 운영됩니다. 주식 투자를 처음 시작하는 분들이 미국 투자자인 워런 버핏, 찰리 멍거, 피터 린치 등의 책으로 공부한 다음 한국시장에서 투자합니다. 그런데 전혀 맞지 않는 경우가 생깁니다. 그럴 수밖에 없습니다. 미국시장은 그런 것들이 작동을 하는 시장이고 한국시장은 그런 것들이 먹히지 않는 시장이기 때문입니다.

한국 같은 경우 재벌 기업이 많습니다. 아무래도 한 가족이 기업 경영을 하는 경우가 많다 보니 일반인들이 기업 안에서 일어나는 일들을 알 수가 없습니다. 그래서 영화에서 나오는 작전세력 같은 것들이 실제로도 통하는 시장이기도 합니다. 어떤 뉴스가 내부자 쪽에서 새어나간다고 해도 엄격하게 처벌을 하지 않습니다. 그런데 미국 같은 경우에는 만약 뉴스가 새어나가서 내부자가 먼저 자본 이익을 취했다면 굉장히 엄격한 처벌을 내립니다. 이렇게 투명하게 운영되기 때문에 안정성 면에서도 기업의 실적이 반영이 되는 투자를 할 수 있습니다.

② 달러에 투자하는 것입니다. 해외주식 투자를 할 때는 달러로 환전을 해야 합니다. 주식을 살 때 달러를 환전해서 샀다면, 그 주식을 가지고 있는 것이 달러를 가지고 있는 것과 같은 효과가 납니다. 그래서 그

주식이 올라가고 달러도 올라간다면 2가지 수익이 같이 발생하는 것입니다.

달러는 안전 자산입니다. 달러를 가지고 있는 외국인 투자자 입장에서 생각해봅시다. 한국에 투자를 할 때 달러를 원화로 바꿔야 됩니다. 안전 자산을 팔고 위험한 원화로 바꾸는 것인데, 그렇게 생각하면 우리는 한국에서 태어났다는 이유만으로 위험한 시장 안에서 위험한 투자를 하고 있는 걸 수도 있습니다.

③ 분산이 가능하기 때문입니다. 안정성 면에서는 당연히 국가 분산을 했을 때가 훨씬 더 좋은 효과를 낼 수 있습니다. 예를 들어 북한이 미사일을 발사했다고 하면, 한국시장에서는 손해가 날 수 있는데 다른 나라에서는 수익이 날 수가 있습니다.

미국과 중국 사이에 긴장감이 흐르고 있다면 두 국가에 나눠서 투자를 했을 때 자산과 수익이 안전하게 분산됩니다. 또한 예를 들어 브라질이 경기가 안 좋고 금리를 계속 낮출 것 같다면 브라질 채권을 사고, 인도가 경기도 좋아지고 물가도 적정 물가로 돌아왔다면 인도 주식을 살 수 있습니다.

가장 안전하다고 생각하는 미국시장, 정보를 빠르게 접할 수 있는 한국시장, 이머징시장(emerging market)인 인도, 베트남, 태국 등에서 성장성을 보고 한군데에 투자를 한다면 3개로 나눠서 할 수 있습니다.

위험성은 변동성이다

한편, 우리가 주식 투자를 할 때 위험성은 변동성입니다. 주식 투자를 처음 하는 사람들은 시장이 어느 정도로 변동하는지 모르고 시작하는데, 그러다 돈을 넣고 나서 보이는 그 변동성에 깜짝 놀라기도 합니다. 그렇기 때문에 자산 배분을 해야 하고, 자산 배분을 할 때 제일 좋은 것은 시장에 대한 배분입니다.

예를 들어 장사를 한다고 생각해보세요. 한 나라에서 장사를 할 때, 우산만 팔 수도 있고, 아이스크림만 팔 수도 있습니다. 아이스크림 장사한테는 비가 오는 날이 좋지 않지만, 반대로 우산 장사한테는 좋을 겁니다. 그런데 이 2개를 함께 파는 장사를 하는 사람한테는 상관이 없습니다. 비 오는 날에는 우산 팔고, 쨍한 날에는 아이스크림을 팔면 됩니다.

이렇게 자산을 배분해서 안정적으로 투자를 할 수 있는 방법 중의 하나가 바로 해외 투자입니다. 안전하게 움직이는 시장에는 큰돈을 넣어놓고, 격하게 움직이는 시장에는 조금 적은 돈으로 들어가는 것입니다.

예를 들어 인도 같은 경우에는 지수가 격하게 움직입니다. −30% 갔다가 다시 +30% 갔다가 그래프 모양이 삐죽삐죽합니다. 그런데 미국시장은 천천히 조금씩 올라가는 모습입니다. 그 국가가 가지고 있는 시장의 변동성을 알고 접근하게 되면 전체 변동성을 줄일 수 있습니다.

전 세계에 주식, 채권, 달러, 금 등으로 분산해서 투자할 수 있습니다. 분산되면 분산될수록 안정적입니다. 위험할 때 올라가는 자산이 있고 성장을 할 때 올라가는 자산이 있는 것입니다. 한국에서 처음 듣는 제약회사 주식을 사는 것보다 해외주식 투자를 분산해서 하면 훨씬 더 안전하고 수익적인 면에서도 좋은 결과가 나옵니다.

전 세계의 대부분의 사람들은 노동을 하고 있습니다. 반면 자본가들은 알아서 굴러가는 시스템에 의해서 돈을 벌고, 자기가 원하는 시간에 자기가 원하는 일을 합니다. 보이지 않는 피라미드 구조입니다.

제 멘토이신 김도사님이 항상 "위치를 바꾸면 빠르게 성공할 수 있다. 독자에서 저자가, 노동자에서 자본가가 되면 훨씬 더 많은 자유가 있고 많은 시간이 있고 내가 원하는 것들을 할 수가 있다."라고 말씀해주셨습니다. 저는 이게 진리라고 생각합니다.

김도사님(김태광 작가)을 만나게 된 건 〈한국책쓰기1인창업코칭협회(이하 한책협)〉의 책쓰기 1일 특강에서였습니다. "성공해서 책을 쓰는 것이 아니라 책을 써야 성공한다"는 주제로 열린 1일 특강에서 처음 책쓰기에 대한 열망을 현실로 만들 수 있는 모든 기술과 노하우를 배웠습니다. 어렸을 적부터 막연하게 책을 쓰고 싶다는 버킷리스트는 있었지만 어떻게 해야 가능한지 알 수가 없었습니다. 마치 처음 혼자서 주식을 할 때의 막막한 느낌과 비슷했습니다.

저는 운이 좋게도 최고의 멘토를 만나 2주 만에 원고를 쓰고 첫 책을 출판 계약을 할 수 있었습니다. '책쓰기출판가이드시스템' 특허를 보유한 책쓰기 명장에게 배웠기 때문에 가능한 일이었습니다.

그리고 더 감사한 일은 책쓰기뿐 아니라 김도사님에게 1인 창업에 대한 노하우도 모두 배울 수 있었다는 점입니다. 제가 가지고 있는 경험과 지식을 다른 사람들에게 나누어주며 인정받고, 세상에 도움을 주는 사람으로 사는 법을 알려주셨습니다.

한국에서 10년 전부터 1인 창업을 하면서 얻은 모든 지혜를 알려주셨고, 저는 그 방법을 따라 지금 1인 창업가의 길을 가고 있습니다.

정말 삶을 바꿀 수 있는 계기는 '어떤 기회를 잡을 것인가?'가 아니라 '누구를 만날 것인가?'에서 시작됩니다.

"성공해서 책을 쓰는 것이 아니라 책을 써야 성공한다."

– 김도사

책쓰기 및 의식 확장 강의 중인
〈한국책쓰기1인창업코칭협회〉 대표 김도사(김태광)님

이머징시장이란

금융시장과 자본시장에서 급성장하는 신흥시장을 말합니다. 자본시장에서 이머징시장이 중요한 이유는 개발도상국이나 저개발국의 발전 정도를 반영하고 있기 때문입니다. 원래 미국와 유럽에서 경제지표 등으로 평가했으나, 현재는 다양한 면에서 고려하여 판단하고 있습니다.

이머징시장에는 한국, 중국, 인도, 아르헨티나, 브라질, 체코, 폴란드 터키 등 나라가 포함됩니다.

• • •

> 투자란 철저한 분석을 통해 원금을 안전하게 지키면서도 만족스러운 수익을 확보하는 것이다. 그렇지 않으면 투기다.
> – 벤자민 그레이엄

– 거시적으로 보고 투자하라

– 시장은 누구도 예측할 수 없다

– 해외주식이 더 안전한 이유

　① 기업들이 투명하게 운영됩니다.

　② 달러에 대한 투자가 됩니다.

　③ 국가 분산이 가능합니다.

– 변동성을 줄이려면 자산을 배분해서 투자하라

– 부자를 꿈꾼다면 노동자에서 자본가로 위치를 바꿔라

평범한 직장인이라면
해외주식 투자로 시작하라

주식 투자에 대한 잘못된 접근 방향 2가지

주식에 처음 접근하는 방향 중 잘못된 것이 2가지 있습니다.

첫 번째는 단타에 대한 환상에 빠져서 접근하는 것입니다. 지금 올라가는 주식, 급행열차에 탔다가 후두둑 떨어질 때 나오지도 못하고 자포자기 상태가 돼버리는 분들이 있습니다.

두 번째는 묻어두기식 투자입니다. 한국의 삼성전자 같은 경우에도 많은 사람들이 한창 오를 때 샀지만, 요새는 지지부진합니다. 아예 모르니까 어떤 기업의 주식 하나를 사서 한 달, 두 달, 여섯 달 묻어두다가 지치는 것입니다. 그러다 포기하고 돈을 빼거나 아예 잊어버리기도 합니다.

그래서 주식 투자를 할 때는 우리가 처한 상황을 반드시 파악하고 그에 맞는 방법을 계속 찾아서 해야 합니다. 그렇다면 평범한 직장인이라면 어떻게 시작해야 할까요? 해외주식 투자를 추천합니다.

시간 조절이 필수인 직장인이라면 반드시 해외시장을 보라

먼저 시간의 이점이 있습니다. 국내주식의 경우 업무 시간에 열려 있기 때문에, 주식을 사놓으면 계속해서 신경이 쓰입니다. 올랐을까? 떨어졌을까? 한국주식의 경우 유독 어떤 이슈가 생기면 테마주가 엮여서 미친 듯이 올라가기도 합니다.

"너 그 주식 샀어? 지금 그거 대주주가 튀었다잖아. 뉴스 못 봤어?"

일과 중에 새로운 뉴스라도 듣게 되면 꼭 확인을 해야 마음이 편해집니다. 이러다 보면 하루 종일 일과에 집중하지 못하고 주식 생각만 하게 됩니다.

그런데 분명히 우리에게는 직장 내에서 해야 되는 역할이 있습니다. 열심히 일해도 모자랄 판에 계속 주식 창만 보고 마음이 다른 데로 가 있으면 엄청난 독입니다. 특히 단타 같은 경우 오전 9시에서 10시 사이가 중요한데, 그 1시간은 직장인들이 제일 바쁠 때입니다. 아침에 출근해서 해야 하는 일을 싹 정리해서 급한 일부터 처리하기 시작하는 시간입니다. 그런데 그 시간에 주식 창을 계속 쳐다볼 수밖에 없습니다. 직장에서도 평판이 좋게 날 리 없습니다. 이렇게 주식을 시작하게 되면 자기 자신도 힘들고, 커리어에도 좋지 않습니다. 더구나 단타 투자가 언제나 좋은 길일 수는 없습니다.

그래서 추천하는 방안이 해외주식 투자입니다. 해외주식 투자를 하는 분들은 오히려 낮 시간에는 집중해서 직장 내에서 업무에 집중할 수 있습니다. 그리고 퇴근하고 나서 밤에 정리된 뉴스들과 미국시장을 보면서 투자를 합니다. 어차피 늦은 밤의 시간은 자신만의 시간입니다. 자기 전에 사고 싶은 주식의 단가를 보고 사기로 마음먹었다면 매수하고 자면 됩니다. 가슴 졸이면서 낮의 뉴스나 소문에 휘둘리지 않고 생각 정리를 하고 나서 매매할 수 있습니다.

월급으로 다달이 적립식 투자를 하라

"주식에 대해서 아무 것도 몰라요. 너무 바빠서 공부할 시간도 없어요. 그래도 주식 투자는 해보고 싶은데 어떻게 하죠?"

해외주식에 먼저 적립식으로 투자를 시작하라고 권합니다. 처음 투자를 할 때는 아무것도 모르는데 욕심이 나서 목돈을 가지고 한 번에 확 들어가는 우를 범할 때가 있습니다. 운이 좋아서 수익이 나면 좋지만 손실이 나는 경우 오히려 더 큰 돈을 잃고 원금까지도 잃을 수가 있습니다.

그런데 직장인이 월급을 받아서 주식 투자를 할 경우에는 적립식 투자가 됩니다. 월급이 200만 원이라고 하면 '50만 원씩 다달이 주식 투자를 해야지.' 하는 분들이 많습니다. 이렇게 50만 원씩 투자를 하면 적립식으로 되니, 꾸준히 우상향 하는 시장에 투자를 하는 것이 가장 좋은 방법입니다. 그런데 그런 시장이 한국시장이라고는 말씀드리기 어렵습니다. 기간별로 다르긴 하지만 한국시장도 아주 길게 보면 우상향 합니다. 다만 한국시장은 미국의 달러가 떨어질 때 가장 크게 올라가는데, 이렇게 크게 올라가는 때가 10~12년에 한 번 정도 옵니다. 한국의 경우에는 그런 순간에 코스피 1,000시대에서 2,000시대로, 2,000시대에서 3,000시대로 갔습니다. 이렇게 확 올라가는 구간에만 올라갑니다. 그래서 3~5년 정도의 중장기적인 투자를 한다고 했을 때, 한국에서 그 기간 안에 반드시 우상향 한다고 확답을 내릴 수 없는 것입니다.

〈한국과 미국의 장기적인 시장지수 비교 그래프〉

1. 미국 S&P500지수와 한국 코스피지수

(출처: 야후파이낸스)

2. 미국 나스닥지수와 한국 코스피지수

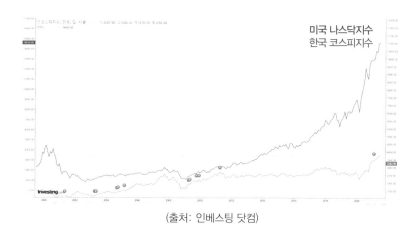

미국 나스닥지수
한국 코스피지수

(출처: 인베스팅 닷컴)

직장에 다니면서 투자하려면 빨리 오르지 않는 주가 때문에 답답합니다. 그러나 미국시장 같은 경우에는 1년만 봐도 대부분 평균 8~15% 정도의 수익을 냅니다. 적립식으로 투자를 한다면 미국시장에 투자를 하는 것이 훨씬 유리한 것입니다.

변동성이 크지 않아 현금 운용이 자유롭다

직장인에게 해외주식 투자가 좋은 제일 중요한 이유는 변동성이 크지 않기 때문입니다. 부동산과 주식, 갑자기 돈이 필요하면 둘 중 어디서 뺄까요? 당연히 주식에서 뺍니다. 특히 직장인 투자자들은 순간순간 돈이 언제 필요할지 모릅니다. 직장인들이 투자하는 돈은 없어도 되는 돈이 아니라 언젠가는 꼭 필요한 돈입니다. 이사를 하거나 결혼을 하거나 목돈이 필요한 상황이 오면 뺄 수밖에 없습니다.

그것을 간과하고 '나는 이 돈을 절대 주식에서 빼지 않을 거야.'라고 생각하며 시작했는데 결국 돈 뺄 일이 생겨서 손실을 보게 되면 마음이 아픕니다. 한 달 후에는 다시 원금을 회복할 텐데 하필이면 돈을 빼야 할 그 순간에 변동이 크게 와서 −20%라면 힘들 것입니다. 실제로도 그렇게 눈물을 머금고 빼는 분들을 많이 봤고, 저도 많은 경험을 했습니다.

그러나 해외주식 투자는 변동성이 크지 않아서 내가 넣어놨던 돈을 뺄 때 별로 부담이 없습니다. 돈을 언제든지 넣었다 뺐다 하고 싶으신 분들은 변동성이 작고 거래량이 큰 시장인 해외시장에서 투자를 하는 것이 맞습니다.

주식 투자를 투기처럼 하는 것이 아니라 진짜 투자자처럼 하고 싶다면 개인 투자자, 직장인 투자자의 특징을 이해하고 그에 맞는 투자 방법으로 하셔야 됩니다.

투자자는 판사처럼 결정해야 합니다. 만약에 어떤 나라 주식을 사고 싶다면 그 나라에 대한 내 생각, 주변에서 들리는 뉴스들까지 종합적으로 판단해서 '이 정도의 금액은 투자를 해도 되겠다'고 판단해서 투자를 합니다. 그리고 그것에 대한 결과를 보고 나서 좀더 투입하거나 빼서 다른 나라에 투자를 합니다. 이런 순간순간의 판단은 생각이 명료할 때 해야 합니다. 분주하고 마음이 긴장되어 있는 상태로 투자 결정을 내리시면 대부분이 손실로 끝납니다.

직장인들에게 제일 적합한 투자 방법은 해외주식 투자입니다. 일반적으로 한국에서만 투자하는 다른 개인 투자자들이 가지지 못한 또 다른 무기를 가지고 있으니 편안하게 투자를 할 수 있습니다. 편안하게 투자하는 것이 얼마만큼 큰 무기인지, 그건 주식 투자 해보신 분들만 아는 사실입니다.

• • •

한번 베팅에 모든 것을 걸어서는 안된다.
돈을 버는 것도 중요하지만 결정적인 기회가 올 때까지
돈을 지키는 것도 중요하다. – 빌 그로스

– 단타에 대한 환상에 빠지지 마라

– 묻어두기식 투자로 포기하지 마라

– 시간 조절이 필수인 직장인이라면 반드시 해외주식에 투

 자하라

– 월급으로 다달이 적립식 투자를 하라

– 해외주식은 변동성이 크지 않아 현금 운용이 자유롭다

저위험 고수익의 시장은
해외에 있다

기업이 더 많이 성장하는 곳에 투자하라

투자자라면 당연히 위험성은 낮고 수익은 꾸준히 높아지는 투자를 원할 겁니다. 그렇다면 기업이 계속해서 성장할 수 있는 토대가 마련되어 있는 곳에 투자하는 것이 좋습니다. 그런 방법이 바로 해외 투자입니다.

스타벅스는 성장 산업일까요? 잘 생각해보면 스타벅스가 요새는 굉장히 많습니다. 한국에는 스타벅스가 더 이상 생길 데가 없어 보입니다. 성장 산업이라기보다는 성숙한 기업같이 보입니다.

그런데 이 기업이 원래 있었던 나라인 미국을 생각해보세요. 미국 같은 경우에는 땅덩어리도 넓지만 개발 가능성이 있는 땅이 더 있기 때문에 그런 지역에는 스타벅스가 계속 더 생길 수 있습니다. 사람들의 이동에 따라 매장이 더 생기고 발전할 수 있습니다. 오히려 성장 산업입니다. 같은 기업인데도 불구하고 한국에서는 성숙 기업이 돼버리는 것이고, 그나라에서는 성장 기업으로 계속 성장할 수 있는 거니까요.

미국시장에는 상한가 하한가 제도가 없다

미국주식과 한국주식의 차이점이 있습니다. 한국 같은 경우 상한가, 하한가 제도가 있습니다. 올라가도 30%까지 상승을 하면 그날 그 주식은 움직일 수 없습니다. 이미 상한가를 쳤기 때문에 더 이상 움직이지 못하고 올라가고 싶어도 그다음 날까지 기다려야 됩니다. 그래서 안전한 것처럼 보이지만 실제로는 변동성이 큽니다.

하지만 미국주식시장에는 상하한가 제도가 없습니다. 어떤 기업에 정말 가치가 있다면 그것이 반영되어 하루에도 60% 이상 오를 수도 있습니다. 그래서 고수익을 낼 기회도 있습니다. 그런데도 대부분의 변동성이 ±2%~±3% 정도입니다. 왜냐하면 미국에 상장된 기업들은 덩치가 크기 때문입니다. 한국 코스피시장이 조 단위라면, 미국시장은 천조 단위, 경 단위입니다. 그래서 오히려 안전하게 움직입니다.

마음에 안정이 생기니 꾸준히, 마음 편하게 투자를 할 수 있습니다. 한국에서 부동산 투자를 했다고 매일 시세 체크하는 사람 없는 것처럼 말입니다.

ETF는 거래량이 많은 것을 골라라

처음 주식 투자를 하는데 기업에 대한 아이디어도 없고 일단 해보고 싶다는 마음이라면 시장에 대한 투자를 하면서 저위험과 안정성, 고수익의 기회를 누릴 수 있습니다. 어떤 나라의 성장성을 믿는다면 그 나라 시장지수를 살 수 있는 것입니다. 그 나라가 성장함으로 인해서 자산도 같이 불어나게 됩니다.

특히 시장에 투자를 할 때는 ETF 상품으로 투자를 하게 되는데, 거래량이 많은 ETF를 고르는 것이 좋습니다. 왜냐하면 거래 당사자 외에 3자, 바로 운용사가 끼어 있기 때문입니다. 운용사가 새 ETF를 내놓았는데, 거래 당사자들끼리 거래가 안 될 정도의 적은 거래량이면 운용사를 사이에 놓고 사고팔아야 합니다. 원하는 가격이 아니라 운용사가 제시하는 가격에 맞춰서 거래해야 하는 것입니다.

또한 투자 금액이 늘어나면 한국시장의 개별 기업 투자로는 수용이 안 됩니다. 특히 단타일 경우에는 거래량이 적은 주식으로 하니 체결도 안 되고 원하는 가격대에 팔 수가 없습니다. 계속해서 전략을 수정해야 합니다. 그러나 애초에 큰 시장에서 시작하면 걱정할 필요가 없습니다. 아무리 덩치가 커져도 전략 하나로 꾸준히 투자를 할 수 있다는 건 엄청난 강점입니다.

거래량이 많은 ETF는 한국보다 해외에 많습니다. ETF라는 상품 자체가 외국에서 만들어졌습니다. 역사가 가장 오래 됐으니 시장이 크고, 전 세계에 있는 투자자들이 사고팝니다. 어마어마한 거래량을 자랑합니다. 때문에 웬만한 ETF는 팔고 싶은 가격에 팔고, 사고 싶은 가격에 살 수 있습니다. 그래서 주식 투자를 처음 하는 분들한테는 시장에 대한 투자, 그중에서도 해외주식을 하는 방법이 좋습니다.

해외주식 투자, 레버리지를 활용하라

레버리지란 실제보다 몇 배 많은 수익률이 발생하는 것입니다. 마치 지렛대(leverage)를 사용한 것처럼 말입니다. 수익을 올리기 위해 부채를 끌어다 자산 매입을 합니다. ETF 중에서는 레버리지 ETF가 있습니다. 변동폭의 몇 배로 이익 및 손실률을 계산하는 상품입니다.

경기가 바닥을 찍고 올라가는 시기, 투자자들이 채권을 팔고 주식을 사는 시기라면 레버리지를 쓰는 것이 좋습니다. 그런데 해외시장에서 빨리 회복될 것 같은 지표들이 뜨고 있다면 해외시장에다가 3배 레버리지 ETF를 사는 방식으로 투자하는 것이 훨씬 더 저위험, 고수익을 기대할 수 있습니다. 레버리지가 위험하다고 생각하지만 현금 자산이 더 중요하고 자신이 변동성을 맞출 수 있다면 훨씬 안전하게 투자를 할 수 있습니다.

그런데 한국 ETF 상품은 2배 레버리지가 최대입니다. 미국 같은 경우는 3배의 레버리지도 있습니다. 또한 한국 같은 경우에는 2020년 9월부터 레버리지 상품을 사는 데 제재가 들어왔습니다. 천만 원 이상의 주식 투자 거래를 하는 사람, 금융투자교육협회에서 하는 교육을 듣고 이수증을 등록한 사람만 거래를 할 수 있게 됐습니다. 이런 식으로 금융에 대해서 규제들이 생기니 좀더 편하게 거래를 할 수 있는 것은 아무래도 해외 주식일 것입니다.

해외주식 투자는 것은 이제는 선택이 아니라 필수고, 자산을 지키기 위해서는 반드시 해야 하는 투자입니다.

상하한가 제도

우리나라 주식시장에는 투자자 보호를 위해 주식의 가격변동폭을 제한하는 상하한가 제도가 있습니다. 전일 종가 기준으로 30% 이상 오르거나 내릴 수 없게 하는데 이를 상한가, 하한가라고 합니다.(2015년 6월 15일에 15%에서 30%로 확대)

미국, 유럽 등의 선진국은 가격제한폭을 두고 있지 않습니다. 자본시장이 발달한 나라일수록 제한을 두지 않고, 덜 발달한 나라일수록 제한을 더 세게 합니다. 아시아 국가 중 중국은 10%, 태국은 우리나라와 같이 30%입니다.

• • •

> 돈이란 헛된 기대에 부풀어 있는 도박꾼으로부터 나와
> 정확한 확률이 어디에 있는지 아는 사람에게로
> 흘러들어가게 마련이다. – 랄프 웬저

– 기업이 성장할 수 있는 곳에 투자하라

– 미국에는 아직도 성장 중인 기업이 많다

– 미국시장에는 상한가 하한가 제도가 없지만 오히려 더 안

　정적이고 고수익을 기대할 수 있다

– 시장 투자는 ETF 거래량이 많은 것을 골라라

– 현금 자산이 중요하고 변동성을 감수할 수 있다면 레버리

　지를 활용하라

– 미국 ETF는 2배, 3배 레버리지도 쓸 수 있다

– 아는 만큼 돈 번다

FOREIGN STOCK

CHAPTER 2

해외주식
투자의 기본,
미국에서
시작하라

크고 다양하며
혁신적인 시장을 보라

6.5경의 시장 규모, 미국시장은 필수다

저는 대학교 때 인턴 프로그램으로 미국 뉴욕에 갔습니다. 사람들이 소비하는 모습을 보면서 놀랐습니다. 몰에 가서 한 번에 다 사고, 웬만한 마트에서도 큼직큼직하게 파는 모습을 보면서 '여기서는 뭐든지 크구나.' 하는 생각을 했습니다.

『모든 주식을 소유하라』라는 책을 쓴 존 보글은 이렇게 말했습니다.

"여전히 미국이 제일 이상적인 투자 대상이다. 전 세계에서 가장 기술 지향적인 경제를 가지고 있다. 결국은 미국이 전 세계를 압도할 것이다."

국가의 파워를 볼 때 국방력, 자원, 화폐, 이 3가지를 봅니다. 미국이 1등 하지 않는 것이 없습니다. 예전에는 자원 면에서 중동이 앞섰지만, 2013년부터는 셰일가스를 더 생산할 수 있게 되어 석유값이 떨어져서 자원 면에서까지 미국이 1등이 되었습니다. 미국의 화폐인 달러는 전 세계의 기축통화입니다. 그리고 국방력은 전 세계에서 51%를 차지한다고 하니 말할 것도 없습니다.

미국시장은 전 세계에서 가장 큰 시장입니다. 미국의 시가총액은 6.5경 정도입니다. 시가총액은 주식의 가격×주식 수량입니다. 한국 규모가 2,700조 정도인 것을 감안하면 미국은 어마어마하게 큰 시장입니다. 미국에서 얼마나 많은 양의 주식이 거래되고 있는지 알 수 있습니다.

미국시장을 빼놓고 주식 투자를 하는 것이 더 어려울 정도로, 미국은 주식시장을 이끌어갑니다. 전 세계 은행들이 미국 중앙은행의 금리 기조, 화폐 발행량 등을 따라가기 때문입니다. 미국시장에 대한 투자는 사실상 안전하게 꾸준한 수익을 내려는 주식 투자자에게 필수적입니다.

미국시장은 120년간 우상향 해왔다

2011년도부터 10년 동안 미국시장은 S&P 기준 거의 265% 가까이 올랐습니다. 한국 같은 경우 65% 정도 올랐습니다. 오르기는 올랐지만 2016년까지 지수가 왔다갔다하며 횡보 구간이 길었습니다. 개인 투자자들은 필요한 돈을 넣어두는 것이므로, 수익이 나지 않고 횡보하면 견디기가 어렵습니다.

〈횡보하는 한국 코스피지수와 올라가는 미국 S&P500지수〉

(출처: 트레이딩뷰 https://www.tradingview.com/chart/8A30Xrq6/)

미국은 주식시장이 생긴 이래 120년 동안 꾸준히 올라가는 우상향의 모습을 보였습니다. 저는 ETF 투자를 하기 위해 여러 나라들의 시장 그래프를 쭉 늘려서 봅니다. 인도, 중국, 일본 등을 봐도 미국만큼 아름다운 그래프를 가진 나라는 없습니다. 정말 지속 성장합니다. 미국시장은 강합니다.

혁신적인 상품은 세계에 있다

4차 산업혁명을 이끌어가는 기업들은 죄다 미국에 몰려 있습니다. 우리가 잘 알고 있는 구글, 애플, 페이스북, 이런 기업들이 인공지능, 가상현실 등 4차 산업혁명을 이끌어가는 기술 분야에서 앞서나가는 기업들입니다.

만약 우주 산업에 대한 ETF를 하고 싶다고 해도 한국에는 그에 걸맞는 기업이 많지도 않고, 성장할 것 같은 산업을 좁혀서 본다면 더 투자할 곳이 적어집니다. 시장 전체를 보면서 테마를 가지고 투자를 하고 싶다면, 같은 테마를 묶어놓은 ETF들도 훨씬 더 안전하면서 혁신적이고 다양한 상품들이 미국에 있습니다.

이런 나라에 투자하지 않는다는 것은 편협한 시각을 가지고 있다는 것입니다. 미국은 이미 너무 많이 올라서 투자를 못 하겠다는 마음이라면, 앞으로도 할 수 없습니다. 미국시장 자체가 우상향 시장이기 때문에 언제 타야 하는지 고민할 것이 아니라 바로 시작하는 것이 맞습니다.

겁내지 마시고 일단 한 주라도, 하나의 S&P500을 사보는 실행력을 가져야 합니다. 넓게 보시고 안정적인 수익을 내면서 투자하고 싶은 분들은 당연히 미국주식 투자를 해야 합니다.

〈미국 인턴 생활할 때 다닌 엔젤투자 설명회〉

미국의 혁신과 엔젤투자

한국은 아직까지 벤처사업을 하기 위해서는 정부 보조금을 받아야 하는 면이 큽니다. 제가 미국에서 인턴 생활을 할 때 놀랐던 것이 있습니다. 사장님이 항상 대학에서 열리는 벤처 기업에 대한 투자설명회에 가라고 했습니다. 가보면 혁신적인 프로젝트들이 많았습니다.

그곳에 기업가, 투자자들이 가서 기술에 대한 설명을 듣고, 믿어주고, 조금씩 조금씩 투자를 합니다. 그리고 그에 대한 대가를 주식으로 받습니다. 이것을 엔젤투자라고 합니다.

아이디어와 기술은 있는데 자금이 없는 도전자들이 혁신을 일으킬 수 있도록 받쳐주고 밀어주는 것입니다. 미국에서 혁신이 일어나기 쉬웠던 이유가 엔젤투자에도 있다고 생각합니다.

ETF란?

원래 펀드(fund)는 주식들이 들어 있는 주머니입니다. 펀드매니저가 무엇을 골라서 어떻게 운용하는지에 따라 수익이 나는 것입니다. 액티브 펀드라고 합니다. 그런데 이 펀드의 수익률이 시장을 쫓아가지 못했습니다.

"펀드매니저, 운용회사들은 돈을 버는데 왜 투자자들은 돈을 못 벌어? 말이 안 되지, 이건!"

이렇게 생각했던 존 보글이 인덱스 펀드를 만들었습니다. 존 보글은 뱅가드 그룹의 회장입니다. 인덱스 펀드의 아버지, ETF의 황제라고도 합니다. 그는 상식과 단순함이라는 원리를 중요시했던 것으로 유명합니다. 액티브 펀드, 레버리지나 인버스를 믿지 않았고, 시장지수와 선진시장 위주로 투자했다고 합니다.

'시장 전체를 사라!' 그는 지수를 추종해서 따라가는 인덱스 펀드를 만들었습니다. 인덱스 펀드는 많은 사람들이 자본 수익을 누릴 수 있도록 투자의 대중화를 이루어주었습니다.

그리고 ETF는 상장지수 펀드, Exchange Traded Fund입니다. 인덱스 펀드와 마찬가지로 지수를 추종하기 때문에 가장 분산이 잘되어 있습니다. 가입해놓는 인덱스 펀드와는 다르게 개인이 주식처럼 자유롭게 매매할 수 있는 것입니다.

또한 보통 펀드가 2~3% 수수료를 받는 데 비해 ETF는 수수료가 굉장히 적습니다. 국내지수 ETF는 0.1%, 다른 ETF들은 0.65%까지 받습니다. 이렇게 비용을 낮출 수 있는 것이 ETF의 장점입니다. 세금 자체에 대한 장점도 있습니다. 국내지수는 면제가 됩니다. ETF는 과표기준가에 따라서 세금을 매깁니다. 이 과표기준가가 변동이 없어서 세금도 적게 냅니다.

• • •

> 투자란 몇 군데 훌륭한 회사를 찾아내어 그저 엉덩이를 붙이고 눌러앉아 있는 것이다. – 찰리 멍거

– 6.5경의 시장 규모, 미국시장은 필수다

– 미국시장은 120년간 우상향 해왔다

– 혁신적인 상품은 미국에 몰려 있다

– 미국시장에 언제 들어갈지 고민 말고 지금 들어가라

STOCK

기축통화이자 안전자산인
달러에 투자하라

달러지수에 주목하라

이 세상의 돈은 달러입니다. 달러는 전 세계의 기축통화이며 안전자산이기도 합니다. 미국 중앙은행에서 발행한다는 신용도에 대한 가치를 가지고 있는 것입니다.

여러분이 달러를 가지고 싶다면 달러지수를 보는 것이 가장 좋습니다. 제가 정말 유용하게 쓰는 인베스팅닷컴이라는 어플이 있습니다. 전 세

FOREIGN

2

계의 지수가 다 나옵니다. 미국의 경우는 S&P, 다우존스, 나스닥 따로 따로 나오고 실시간으로 뜹니다. 심지어 지수에서 타고 들어가면 관련된 뉴스들이 정리되어 뜨기 때문에 공부하기에도 정말 좋은 어플입니다.

이 어플의 '외환'이라는 카테고리에 가면 미국 달러지수라는 것이 뜹니다. 달러지수는 세계 주요 6개국 통화 대비 미국 달러의 가치를 말해주는 지표입니다. 미국 달러지수를 길게 놓고 보면 정말 특이한 시대가 있습니다. 바로 1980년대 후반입니다. 85년부터 89년도까지 갑자기 달러지수가 엄청나게 하락합니다. 이런 시기가 또 있는데, 바로 2002~2007년도입니다.

돈의 가치가 떨어지는 이런 구간에서는 자산의 가치가 올라갑니다. 미국 달러지수가 떨어지면 일본의 부동산, 한국의 주식과 부동산이 미친 듯이 올라갑니다. 한국은 1981년도에 코스피지수가 100으로 생겼습니다. 85년까지는 계속 100입니다. 그러다가 갑자기 85~89년도에 1,000으로 뜁니다. 2002년~2007년에는 1,000시대에서 2,000시대로 갔습니다. 이런 식으로 한국의 자산의 가치가 올라가는 시기들은 미국 달러지수와 굉장히 연관이 있습니다.

〈미국 달러지수가 크게 변동할 때 요동치는 한국 코스피지수〉

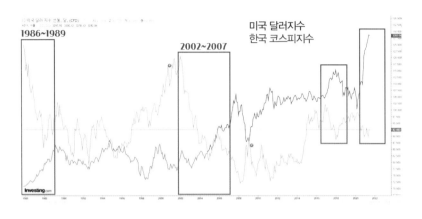

(출처: 인베스팅닷컴 차트 활용)

그렇기 때문에 자산 투자를 하는 사람들한테는 미국 달러지수가 정말 중요합니다. 미국 달러지수를 안 보고 투자를 한다는 것은 말도 안 되는 일입니다. 달러 약세가 강해지는 시기에 큰 돈을 달러예금과 같은 곳에 넣는 것은 추천드리지 않습니다. 달러지수가 약세일 때는 전 세계 자산 (주식, 부동산)이 강세이니, 원화로 우리나라의 시장지수를 사고, 달러지수가 강세일 때는 전 세계 달러가 미국으로 돌아가는 시기이니 미국 시장지수를 사거나 달러를 사두어야 합니다.

달러로만 가지고 있기 VS. 달러로 주식 투자 해놓기

퇴직을 하신 분들이 달러 자산에 관심이 많습니다. 그런데 그냥 달러로만 바꿔놓고 시장에 대한 투자는 안 합니다. 왠지 어려울 것 같다는 이유입니다. 실제로 저한테 컨설팅 받으러 오셨던 분은 50대에 퇴직하고 퇴직금 1억을 달러예금으로 바로 투자했다고 합니다.

그러면 돈을 달러로만 바꿔서 가지고 있는 것과 달러로 바꿔서 미국주식에 투자를 해놓는 것은 어느 정도 차이가 날까요?

사실 달러지수는 우상향 하지는 않고, 왔다갔다합니다. 120~100 사이로 움직이던 것이 100~90 사이로 움직이기도 합니다. 시대 흐름에 맞춰서 돈의 가치가 변동이 됩니다. 하지만 원화를 달러로 바꾼 후에 달러를 그대로 가지고 있는 것이 아니라 미국의 나스닥, 다우존스, S&P 이런 지수에 넣어둘 수 있습니다. 이 시장들은 우상향 합니다. 120년 동안 우상향 했습니다. 달러지수의 변동성을 커버해줄 수 있습니다.

미국에 있는 S&P500을 사더라도 달러로 바꿔서 사면 주식 투자에 대한 수익을 누릴 수 있고, 그 자산 자체가 달러로 투자되는 것이기 때문에 달러를 가지고 있는 효과도 있습니다. 나중에 원화로 바꾸었을 때 환에 대한 차익까지 같이 누릴 수가 있을 겁니다.

한국 코스피는 대외적으로 정치적 · 경제적으로 불안 이슈나 위기가 왔을 때 강하게 떨어집니다. 그런데 원화가치도 떨어지니 이중으로 힘듭니다. 그러나 해외주식에 투자를 했을 경우, 위기가 발생했을 때 주식은 떨어지더라도 달러에 대한 수요가 커져서 달러 자산이 커버해줍니다. 위기를 견디기 쉬워집니다.

아직도 해외주식을 망설이나요?

안전하게 투자하고 싶고 위험은 적당하되 수익도 계속 누리고 싶다면 해외주식 투자, 그중에서도 미국 투자는 반드시 해야 합니다.

2020년 3월 19일부터 코스피가 올라간 이유

한국 코스피가 최근에 가장 저점이었던 시기는 코로나 바이러스가 터졌을 때입니다. 정확한 날짜는 2020년 3월 19일입니다. 그렇다면 왜 3월 19일 이후로는 코스피가 올라갔을까요? 정확한 이유가 있습니다.

바로 3월 19일에 미국 중앙은행인 연방준비은행에서 한국과 통화스와프를 체결해줬습니다. 원래 연방준비은행에서 달러를 발행하면 미국의 채권과 바꿉니다. 이렇게 미국 정부가 달러를 받아서 각각 나라에 공급을 해주는 것이 정상적입니다. 통화스와프란 연방준비은행에서 한국에 직통으로 달러를 수혈해준 것입니다. 2008년도 금융위기가 있었을 때도 똑같은 일이 일어났습니다. 그때도 미국과 통화스와프가 일어났던 그날이 최저점이었고 그 이후로 반등을 해서 올라갔었습니다. 2020년 3월 19일에도 통화스와프가 체결됐다는 소식이 들리고 나서 한국 코스피지수가 가파른 속도로 올라갔습니다.

• • •

> 사람들이 이제 주식시장으로 돌아가도 안전하겠다고
> 느끼기 시작하는 순간부터 주가가 하락하는 것은
> 자주 일어나는 일이다. – 피터 린치

– 기축통화인 달러에 투자해야 한다

– 인베스팅닷컴에서 달러지수를 보라

– 달러지수가 약세일 때는 원화로 한국시장지수를 사고, 달

　러지수가 강세일 때는 미국시장지수나 달러를 사라

– 달러로만 가지고 있는 것보다 달러로 주식 투자 해놓는 것

　이 수익이 좋다

3 FOREIGN STOCK

가장 쉽고 안전하게
시작하라

확장기가 긴 미국, 침체기가 긴 한국

주식 투자하는 것을 스키와 비교해보겠습니다. 미국주식 같은 경우에는 완만한 경사가 있는 곳을 끊임없이 내려가시면 됩니다. 갑자기 나타나는 장애물도 없고, 갑자기 나타나는 급경사도 없습니다. 완만한 곡선을 타고 내려가서 정착지에 서기만 하면 되는 것입니다. 반면 한국주식이나 성장하는 나라의 주식들은 갑자기 확 꺾어지는 구간이 생깁니다. 예상치 못하게 장애물이 나타나는 것입니다.

시장 자체를 놓고 가장 긴 차트를 보면 그렇습니다. 나스닥, S&P 등 미국에서 가장 많은 기업들이 있는 지수를 모아놓은 시장지수를 보면 미국 같은 경우에는 완만하게 쭉 올라가는 그래프를 가지고 있습니다. 미국시장은 단순한 진리를 접목시키기가 너무 좋은 시장입니다.

시장 자체가 한국과 다릅니다. 한국 사람들은 자산을 부동산으로 많이 가지려고 합니다. 안전하다고 생각하는 것입니다. 확신의 차이입니다. 왜일까요?

한국은 경기침체기가 긴 나라이기 때문입니다. 경기가 반짝 좋았다가 침체기가 길게 옵니다. 침체기에서 좋아지는 순간이 올 때 수익이 조금이라도 나면서 안전한 자산을 찾다 보니 부동산을 선호하게 된 것입니다. 이렇게 침체기가 길수록 주식은 빨리 회전합니다. 그러니 한국에서 주식은 도박이라고 생각하게 됩니다. 실제로도 비쌀 때 샀다가 싸게 팔고, 뉴스 나올 때 샀다가 계속 떨어지면 무서워서 팔아버리는 개인 투자자들이 많습니다.

반면 미국은 경기확장기가 깁니다. 미국 GDP는 70%가 소비입니다. 그래서 미국 정부나 중앙은행에서는 국민들의 소비를 엄청나게 지지합니다. 그리고 미국 국민들은 금융자산 중 70% 정도를 주식으로 소유하고 있다고 합니다. 그렇기 때문에 1년에 주식이 8~10% 올라가는 상태를 유지시킵니다.

항상 성장하다가 가끔 위험이 발생하면 정부와 중앙은행에서 빨리 회복하기 위해서 굉장한 부양 정책을 펼칩니다. 예를 들어서 갑자기 실업률이 엄청나게 높아졌다고 하면 실업률을 낮추기 위해서 재정부양 정책을 펼친다든가, 중앙은행에서 금리를 낮추어주는 등 시장 완충 장치가 많습니다. 다른 나라들은 금융이 이미 종속되어 있기 때문에 불가능하지만 미국은 강대국이니 굉장히 빠르고 크게 움직일 수 있습니다. 그래서 투자자들이 가장 쉽게, 가장 안전하게 투자할 수 있습니다.

시작은 안전한 미국시장에서 하라

앞에서 말씀드린 비유에서 스키를 배울 때를 떠올려봅시다. 초보자 코스는 진짜 완만합니다. 하지만 처음 타면 그 완만한 데에서도 엄청 엉덩방아를 찧습니다. 다음 날 일어나지 못할 정도로 넘어집니다. 처음엔 누구나 그럴 수밖에 없습니다.

10년 동안 24시간 주식만 들여다봤던 분이 있습니다. 장 마감하고 나서도 오로지 주식에 대해서만 공부하셨습니다. 지금은 월 6천에서 1억 정도 번다고 하는데, 12번을 깡통 찼다고 합니다. 처음부터 수익을 잘 냈던 것이 아닙니다. 갖고 있었던 돈을 다 잃고 나서 다시 시작한 것이 무려 12번입니다. 그렇게 잃고 나서야 지금의 경지에 이른 것입니다.

대부분의 개인 투자자들은 시작하자마자 이런 경지에 이르고 싶어 합니다. 그러나 절대 처음부터 그럴 수는 없습니다. 과욕을 부리다 보면 한 번씩 굉장히 큰 손실이 찾아옵니다. 그 한 번의 손실이 모든 걸 리셋해버립니다. 천만 원으로 투자를 했는데 500만 원이 되면 50% 손실입니다. 그 500만 원을 다시 천만 원으로 만들려고 하면 100%의 수익이 필요합니다. 너무 힘듭니다.

결국에 과욕이 돈을 더 갉아먹는 안 좋은 길로 인도한다는 것을 반드시 인식하셔야 합니다. 처음에는 이렇게 잃을 수밖에 없다고 생각하면, 변동성이 커서 크게 잃을 확률이 높은 시장보다는 안전한 시장에서 시작하는 것이 좋습니다. 가장 안전한 시장이 바로 미국시장입니다.

미국이 돈 벌기 쉬운 시장이라고 생각하셔야 합니다. 한국시장이 오히려 어렵습니다. 경기의 확장기와 침체기가 투자에 영향을 많이 주기 때문에 시장의 단순한 진리들을 감안하면 미국이 돈 벌기가 오히려 더 쉬운 시장이라는 것을 아실 겁니다.

주식 투자를 할 때 GDP를 알아야 하는 이유

GDP는 국내총생산입니다. 한 나라의 가계, 기업, 정부 등의 경제 주체가 생산한 재화(자동차, 가전제품, 옷, 에너지 등) 및 서비스(교육, 유통, 오락, 관광 등)의 부가가치를 시장가격으로 평가하여 합산한 것을 말합니다.

실물경제를 나타내는 가장 대표적인 GDP 수식을 이해하면 각 나라에서 어떤 부분이 중요한지 기준점을 알기 쉽습니다. 금융상품이 실물에서 파생되어 나오기 때문에 지표를 통해 실물경제를 파악하여 투자하면 확신을 가지고 투자할 수 있습니다.

$$GDP = C + I + G + (X - M)$$

가계소비+기업투자+정부지출+(수출−수입)

우리나라는 수출의존도가 높은 나라이고, 그중에서도 제조업 수출 상품이 주를 이룹니다.

이 사실을 어떻게 알 수 있을까요?

시가총액이 높은 기업들 100위 안의 기업들을 보면, 그 나라의 기업들이 어떤 재화, 서비스를 통해 돈을 벌고 있는지 파악할 수 있습니다. 그러니 우리나라의 경기를 파악할때는 제조업 경기지표를 핵심적으로 지켜보고 있어야 합니다.

• • •

> 좋은 투자라는 것은 원래 지루한 것이다.
> – 조지 소로스

- 미국은 단순한 진리를 접목시키기 좋은 시장이다

- 한국은 경기침체기가 길기 때문에 주식이 빨리 회전한다

- 미국은 경기확장기가 길고 시장 완충 장치가 많기 때문에

  안전하다

- 시작부터 손실을 보면 회복하기 어렵다

- 안전한 시장에서 시작하라

나를 부자로 만들어줄
시드머니를 구축하라

지금 가지고 있는 돈을 저축만 해두기 아깝다고 생각한다면 지금 당장 미국주식 투자를 시작하셔야 됩니다. 그 이유는 시드머니의 1등 공신이 미국주식이기 때문입니다.

미국주식으로 투자를 할 때 왜 시드머니를 모으기가 쉬울까요?

한국의 한 은행에다가 저축을 합니다. 한 달에 100만 원씩 적금을 듭니다. 12개월이면 1,200만 원이 모입니다. 원금 1,200만 원의 이자를 잘 받아서 2% 받았다고 해봅시다. 1년 후에 받을 수 있는 것이 24만 원일까요? 아닙니다. 24만 원에서 세금도 뗍니다. 일반적으로 15.4%를 떼어갑니다. 그리고 적금은 분할 계산합니다.

맨 처음 넣은 100만 원은 12개월 동안 들어 있었지만 마지막에 넣은 돈은 한 달만 넣어놓았습니다. 계산하기 편하게 이야기하면 예금 이자의 절반 정도 됩니다. 그러면 12만 원입니다. 12만 원에서 내가 세금까지 다떼고 나면 결국에는 10만 원 정도 이자를 받습니다.

〈하락하는 한국 금리(한국은행 기준)〉

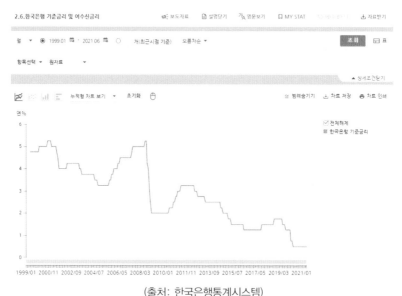

(출처: 한국은행통계시스템)

한 달에 100만 원씩 죽어라고 저축을 하면 원금 1,200만 원에 이자 10만 원을 받게 됩니다. 원금도 지키기가 어렵습니다. 자산의 가치가 올라가는 속도가 너무 빠릅니다. 월급이 올라가는 속도는 느껴지지도 않습니다. 이렇게 시드머니를 모아서는 결코 부자가 될 수 없습니다.

가장 대표적인 TIGER 미국S&P500을 산다고 합시다. 이 ETF는 국내 운용사에서 미국의 대표지수 S&P500을 추종하는 국내 ETF로 환전할 필요 없이 현재가 12,660원에 1주 매수 가능합니다.(2021년 7월 13일 기준) 매달 10만 원씩 삽니다. 1년간 10만 원씩 한국에서 적금을 넣었을 때와 TIGER 미국S&P500에 넣었을 때를 비교해볼 수 있을 겁니다. 적금은 지금 이율이 1~2% 정도밖에 안 됩니다. 현재 기준 TIGER 미국S&P500의 6개월 수익률은 20.23%입니다.(2021년 7월 기준)

〈10만 원을 같은 기간에 투자했을 때 저축과 미국주식에 투자하는
'TIGER 미국S&P500'에 투자했을 때 얻을 수 있는 수익 비교〉

	최초투자금액	평균금리/수익성	1년 후	2년 후	3년 후
한국저축적금	10만 원	1.2 (적금 평균)	1.2/원금 120만 원 이자 7,800	1.25/원금 240만 원 이자 31,250	1.3/원금 360만 원 이자 72,150
미국주식투자	10만 원	20.23%	원금 120만 원 수익 139,976	원금 240만 원 수익 577,632	원금 360만 원 수익 1,379,097

(출처: 한국 적금 금리. 은행연합회)

그런데도 한국 젊은 사람들은 아직도 투자를 예적금으로만 합니다. 미국에서는 젊은이들이 금융자산의 93%를 ETF로 들고 있다고 합니다.

지금 젊은 사람들이 너무 힘든 시기를 겪고 있습니다. 직장을 다니거나 아르바이트를 할 때, 진짜 꿈을 펼치기 전까지는 미국주식에 넣어놓고 시드머니로 굴리면 좋겠습니다. 그리고 나중에 큰돈이 되었을 때, 진짜 하고 싶은 일을 시작할 수 있는 자금이 되어줄 것입니다.

미국의 3대 지수 : 다우존스, S&P500, 나스닥

미국에서 제일 많이 투자를 하는 3개의 지수가 있는데, 다우존스, S&P500, 나스닥입니다.

① 전통의 가치주, 다우존스

다우존스라는 지수는 쉽게 생각하면 30개 정도의 회사를 다우존스사에서 모아놓은 것입니다. 보수적이고 전통적인 가치주들입니다. 예를 들어 IBM, 나이키, 맥도날드, 마이크로소프트 등 다들 아는 기업입니다. 굉장히 오래된 역사를 가진 기업들이 다우존스에 포함되어 있습니다.

② 미국을 대표하는 500개 기업, S&P500

S&P는 Standard & Poor's의 약자입니다. Standard & Poor's사가 미국을 대표하는 500개 기업을 선정해서, 지수화시켜 놓은 것입니다. 제가 제일 선호하는 미국주식 투자는 바로 이 S&P500입니다. 분산도 잘되어 있고 혁신적인 기업들도 잘 들어와 있습니다. 대표적인 ETF가 있어서 S&P ETF로 먼저 투자를 한 후에 금액 단위가 커져도 똑같이 투자를 할 수가 있습니다.

③ 혁신적인 기업들, 나스닥

나스닥 시장에는 웬만한 성장주나 기술주들이 몰려 있습니다. 대표적으로 애플, 테슬라, 인텔 이런 혁신적인 기업들이 모여 있다고 보면 됩니다. 한국 코스닥시장이 나스닥시장을 따라서 만든 것입니다. 처음에는 벤처캐피털사에 투자자금을 원활하게 할 수 있도록 하는 장외주식 거래 시장이었습니다. 지금은 시장으로 인정하면 됩니다. 나스닥시장에 투자를 하고 싶다면 QQQ라고 한번 검색을 해보세요.

역사적으로 다우존스는 1884년도에 처음 발표되었던 것이 1972년에 처음 1,000을 돌파 후 지금 34,900로 70년대와 비교해 43배 상승을 했고, S&P500은 1970년 100 정도에서 지금 4,600으로 46배 성장을 했습니다. 나스닥 시장은 1980년 100 정도에서 지금 14,700이니까 무려 147배 성장했습니다. 굉장히 어마어마한 상승률입니다.

요새는 핸드폰 하나만 있으면 모든 것이 다 됩니다. 증권사 어플을 설치하고 비대면 계좌를 개설합니다. 해외주식 투자 겸용으로 체크합니다. 원화를 달러로 바꾸는 것도 어플에서 가능합니다. 한 달에 원하는 만큼씩 적립식으로 투자를 할 수 있습니다.

금리를 알아야 한다

금리는 돈의 가치입니다. 70~80년대에 저축을 하면 금리가 28%였습니다. 좀 적은 데가 20%였습니다. 이렇게 높은 금리를 줄 수 있는 이유는 저축을 하는 사람 입장이 아니라 은행 입장에서 생각해야 합니다. 금리가 28%라면 1,000만 원을 예금했을 때 은행은 나중에 1,280만 원을 돌려줘야 되는 것입니다. 은행 입장에서는 빚이나 다름 없습니다. 70~80년대는 공장에서 상품을 찍어내면 팔렸던 시기입니다. 이렇게 회사들이 돈을 빌려서 투자를 활발히 했던 고성장하는 시기에는 돈의 가치가 올라갑니다. 28%까지 올라간 것입니다.

지금 한국은행 금리가 0.5%입니다. 28%에서 0.5%까지 금리가 계속 떨어졌다는 것은 돈의 가치가 떨어졌다는 뜻입니다. 반대로 자산의 가치는 계속 올라갔다는 것입니다. 가치가 올라간 자산의 예시는 금융자산인 채권과 주식, 실물 자산인 부동산입니다.

• • •

> 잭팟을 터뜨렸다고 말하는 사람들을 부러워해서는 안 된다.
> 이것이 성공적인 투자의 핵심이다. – 워런 버핏

– 한국 청년들은 투자를 대부분 예적금으로 한다

– 자산의 가치가 올라가는 시대에 예적금으로는 원금 지키

기도 어렵다

– 미국 청년들은 금융자산의 93%를 ETF로 들고 있다

– 미국주식에 넣어놓고 시드머니를 굴려라

– 미국의 3대 지수

① 전통의 가치주, 다우존스

② 미국을 대표하는 500개 기업, S&P500

③ 혁신적인 기업들, 나스닥

내 시간과 지갑을 털어가는
기업에 주목하라

투자 가치가 있는 기업은 대부분 해외에 있다

어떤 핸드폰을 쓰고 있나요? 대부분 갤럭시나 아이폰을 쓰고 있을 것입니다. 삼성전자, 애플이라는 기업이 생각나게 됩니다. 이렇게 대중들에게 대표 제품이나 이미지가 각인되어 있는 기업들은 대부분 글로벌 기업들입니다.

삼성전자 역시 시가총액 약 520조의 글로벌 기업입니다. 삼성전자 우량주 같은 경우에는 심지어 외국인이 거의 70~80%까지 들고 있습니다. 삼성이 열심히 돈을 벌면 그 배당금이 외국인 투자자들 주머니로 간다는 것입니다. 이렇게 삼성이 글로벌 기업인 것처럼, 여러분이 투자하고 싶은 기업은 대부분이 글로벌 기업입니다. 사용하는 제품 하나하나, 외국에서 만들어진 브랜드인 경우가 많습니다.

대부분이 사용하고 있는 제품들, 익숙한 브랜드 네임들이 미국 기업의 것인 경우가 많습니다. 미국 기업이 아니더라도 미국시장에 상장해 있습니다. 외관상으로는 다른 회사 것처럼 보이지만 소프트웨어적인 것이나, 기술적인 것은 대부분 미국 회사에서 나왔을 확률도 높습니다.

평정심은 확신에서, 확신은 일상에서 온다

투자 대상에 대한 확신이 있을 때 마음이 편안합니다. 그리스 위기, 브렉시트, 미중무역 분쟁, 코로나 질병 등 그런 상황이 오면 주식이 흔들릴 수밖에 없습니다. 다만 흔들리지 않아야 하는 것은 자신의 평정심입니다. 그런 평정심을 유지할 수 있는 사람만이 투자시장에서 살아남을 수 있습니다. 평정심은 확신에서 옵니다. 그 확신은 일상생활에서 옵니다.

특히 사랑하는 브랜드가 있다면 주식에 관심을 가져보는 건 어떨까요?

저는 펩시보다 코카콜라를 먹습니다. 코카콜라만의 맛이 있습니다. 그러면 코카콜라 회사를 알아봅니다. 코카콜라는 워런 버핏이 사랑하는 주식입니다. 다우존스 안에 코카콜라가 들어가 있습니다. 이렇게 주식을 알아보고 보유하게 되고, 일상에서도 코카콜라를 마시면서 자신만의 철학이 주식에 담깁니다.

투자자가 되면 아무렇지 않게 쓰는 볼펜 하나에서도 보이게 됩니다.

'왜 이렇게 잘 나와? 어떻게 이렇게 깔끔하게 나오지?'

그리고 습관적으로 질문하게 됩니다.

'이건 어디 회사 거예요?'
'이건 어디서 가지고 온 거예요?'
'출처가 어디예요?'

이런 것들을 보다 보면 투자를 하고 싶어지는 아름다운 기업을 만날 때가 있습니다. 남들이 뭐라고 하든지 확신을 가지고 있기 때문에 흔들리지 않을 수 있습니다.

비전과 성장성에 주목하라

대부분의 사람들이 주식을 할 때 그 기업의 가치, 그 기업이 어느 정도의 역량을 가지고 있는지에 대해서만 공부해야 된다고 생각합니다. 그런 면에 있어서는 기본적인 위험, 즉 부도만 없으면 됩니다. 그 기업이 가지고 있는 비전, 성장성에 대해서 어느 정도 분석이 되면 너무 많이 파고들 필요가 없습니다.

나무를 지켜보면서 이 나무의 껍데기가 어쩌고, 성분이 어쩌고, 이러고 있을 필요가 없다는 것입니다. 이 나무가 잘 자라날 시기가 언제인가, 그 계절에 맞춰서 언제쯤 좋은 비료들이 들어오는가, 언제쯤 나무에 열매가 맺힐 것인가. 이것만 알고 기다리면 됩니다.

이런 것들을 알게 되면 관점이 열립니다. 관점이 열렸을 때 여러분이 진짜로 가지고 있는 창조성을 발휘할 수 있습니다.

사람들이 몰려가는 곳에서 똑같이 우물을 팔려고 하는 사람들은 거의 다 포기합니다. '왜 이렇게 안 나오지? 내가 이만큼 했으면 나와야 되는 거 아닌가?'라는 생각에 포기를 합니다. 그 과정에서 시간, 에너지, 감정 모두 다 소비하게 됩니다.

그러나 전체적인 분위기, 시스템을 보는 사람들은 '저기서 저 사람들한테 필요한 것이 뭘까? 내가 여기서 기업의 이윤을 창출할 수 있는 활동을 할 수 있지 않을까?'라는 생각을 한다는 것입니다.

이런 창조성, 살아오면서 겪은 모든 경험이 투자의 토대가 됩니다.

내가 경험했던 것 중에서 좋은 것은 무엇인가?
내가 좋아하는 것을 만들어내는 회사의 CEO는 도대체 어디에 있나?

그 CEO들이 가진 비전과 마인드는 무엇인가?

저 기업의 CEO는 도대체 무슨 생각으로 저걸 하는 걸까?

나는 이 기업에 투자를 해도 될까?

지금 한국시장이 괜찮은 상황인가?

시장이 올라가는 이유가 뭐지? 돈이 왜 들어오지?

주식도 마찬가지입니다. 넓은 시선으로 보면 오르는 주식으로 몰려갈 것이 아니라, 자신이 확신을 가지고 있는 주식이 어떻게 오를 수 있을지 생각하게 됩니다. 그러나 그렇다고 해서 한 기업하고 평생 갈 것처럼 투자하는 사람들은 거의 없습니다. 더 좋은 기업이 나타나면 당연히 갈아탈 수 있습니다. 어느쪽이든 늘 생각해야 합니다.

시간과 지갑을 털어가는 기업을 1순위로 두고 주식 투자를 한번 시작해보기를 바랍니다. 미국주식 투자는 여러분이 확신을 가지고 투자를 할 수가 있고, 꾸준히 돈을 벌 수 있는 투자를 할 수 있는 하나의 방법입니다.

• • •

> 주식시장은 확신을 요구하며, 확신이 없는 사람들은
> 반드시 희생된다. - 피터 린치

- 투자 가치가 있는 기업은 대부분 해외에 있다

- 사랑하는 브랜드가 있다면 주식에 관심을 가져보라

- 기업이 가지고 있는 비전, 성장성을 분석하라

- 미국주식 투자는 확신을 가지고 투자하기 좋다

FOREIGN STOCK

CHAPTER 3

부자를 꿈꾸는
주린이를 위한
성공 7법칙

적금처럼 시작해
거치식으로 운용하라

크게 시작하면 크게 잃는다

주식을 아예 처음 하는 분들은 주식에 대한 환상이 있습니다. 오늘 주식 넣으면 내일 100% 올라갈 것 같고, 내가 사면 그때부터 계속 상한가로 올라갈 것 같습니다. 하지만 주식이라는 것이 그렇지가 않습니다. 항상 내가 사면 떨어지고 내가 팔면 오릅니다.

결국 비싸게 사서 싸게 팔게 됩니다. 이성적으로 생각했을 때는 절대

하지 않을 것 같은데, 내 돈이 들어가면 하고 있다는 것입니다. 그래서 해외주식 투자도 애플, 마이크로소프트, 테슬라 등 요새 잘나가는 기업들의 뉴스를 듣고 투자했다가 마이너스 잔고를 가지고 계신 분들이 꽤 계실 것입니다. 주식은 그렇게 불나방처럼 투자하는 것이 아니라 마음의 평화를 가지고, 자금을 정하는 것입니다.

주식 투자를 처음 시작하면 왠지 목돈이 있어야 성공할 수 있을 것 같습니다. 컨설팅에 오셨던 한 분은 8억을 가지고 주식을 시작했다가 다 잃었다고 했습니다. 그 목돈을 다 잃고 다시 시작한다고 했습니다. 그분은 이렇게 생각했다고 합니다.

'나는 돈이 있으니까 물려도 계속 타면 된다. 내가 이기나 네가 이기나 해보자!'

그러나 잘못된 방식이었기에 돈을 모두 잃게 된 것입니다. 이렇게 주식을 큰돈으로 시작하면 위험한 투자를 할 수 있습니다.

맨 처음 주식 투자를 시작할 때가 가장 모를 때입니다. 모르니 남들이 좋다고 하는 것에 타고 불안해지면 팔고, 결국 포기합니다. 대부분 개인 투자자들이 겪는 시나리오입니다. 이때 돈 단위가 적으면 많이 다치지는 않습니다. 그러므로 초보 투자자라면 가지고 있는 돈에서 조금씩, 일단은 적립식으로 시작하는 것이 가장 좋습니다. 조금씩, 하나씩 시도해보고 점검하면서 경험을 쌓아 수익을 내는 시스템이 생기는 법입니다.

월 적립식 해외주식 투자의 장점 3가지

해외주식 투자 같은 경우에는 월 적립식으로 할 때의 장점이 3가지 있습니다.

① 안정적으로 올라가는 수익을 확보할 수 있습니다.
② 자신의 투자의 그릇을 확인할 수 있습니다.
③ 환차손을 커버할 수 있습니다.

① 안정적으로 올라가는 수익을 가질 수 있습니다.
2년 전에 저한테 배우셨던 연○○ 님이 후기를 올려주셨습니다. 아들을 위해 돈을 모르고 있었는데 해외지수를 10만 원씩 계속 매수해서 결

국 지금 83.9% 수익이 나와 있다는 것이었습니다.

　주식의 평균 매수 단가를 낮추려면 적립식으로 투자를 해야 합니다. 50만 원을 가진 투자자가 한 번에 전액 매수한 것과 10만 원씩 나누어 적립식 투자를 했을 때 왜 단가 차이가 나는지 한번 보도록 합시다.

　첫달에 10만 원을 합니다. 1,300원짜리 주식이라서 76구좌 정도 살 수 있습니다. 다음 달에 300원이 올라서 1,600원이 됐습니다. 그럼 62구좌 정도를 살 수 있어서 첫달에 비해 14구좌 정도를 덜 사게 됩니다. 그 다음 달에는 반대로 −300원이 되서 1,000원이 되면 24구좌를 더 사서 100구좌를 살 수 있습니다.

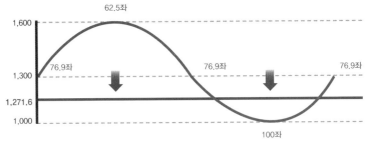

※ 초기 주가지수 1,300원일 때 매입 가정 ※ 매월 10만 원 투자 가정

기준가에서 같은 폭만큼 가격이 올라가고 떨어졌을 때 살 수 있는 주식의 수량 차이를 보면 가격이 떨어졌을 때 살 수 있는 수량이 생각보다 많습니다. 그래서 안정적인 수익을 위해서는 평균 단가를 가능한 한 낮추는 것이 좋습니다.

시장은 예측할 수 없으므로, 조금씩 조금씩 나눠서 적립식 투자를 했을 때 가장 평균 단가를 안정적으로 낮출 수가 있습니다. 이렇게 과학적으로 코스트 에버리징, 즉 평균 단가를 낮추는 효과를 낼 수가 있다면 당연히 적립식 투자를 해야 합니다. 그리고 이렇게 했을 때 '이렇게 단순하게 하는 데도 수익이 나네.'라는 생각이 듭니다. 그리고 이것이 확신과 열정으로 바뀌어 꾸준하게 할 수 있게 되는 것입니다.

② 자신의 투자의 그릇을 확인할 수 있습니다.

투자의 그릇이란 자신이 감수할 수 있는 손실의 크기입니다. '내가 얼마를 주식시장에 넣었을 때 마음의 평화가 유지되느냐'가 중요합니다. 감정적으로 동요되지 않는 자금이 어느 정도인지 먼저 파악을 해야 합니다.

만약에 한 달에 200만 원 버는 직장인이 1,000만 원을 넣었다고 합시다. -5% 정도 움직여서 50만 원 정도 손실이 났습니다. '곧 오르겠지.' 하고 크게 동요하지 않을 수 있습니다.

그런데 이번엔 1억을 넣었다고 합시다. 이때 -5%면 500만 원이 확 깎이는 것입니다. 불안해지기 시작합니다. '나는 한 달 동안 일을 해도 500만 원 못 버는데 어떻게 하지?'

이것은 투자의 그릇에서 벗어나서 투자를 했다는 것입니다. 처음부터 자신의 그릇을 알고 투자한다고 생각해도, 막상 돈이 움직이고 시장에서 깎이는 모습을 보면 불안해서 손실을 내면서 도망칠 수도 있습니다. 자신의 투자의 그릇을 파악하기 위해서는 돈 단위를 조금씩 늘려가야 합니다. '나는 이 정도까지는 마음이 편안하구나.'라는 것을 아는 것이 중요합니다.

③ 환차손을 커버할 수 있습니다.

환차손이란 환율 변동에 따른 손해입니다. 해외지수 ETF로 투자를 하면 달러로 사게 됩니다. 처음부터 목돈으로 들어가는 것은 외환시장에서의 변동성을 간과하는 것입니다. 지금 목돈을 투자하려고 1달러당 1천 원

주고 샀습니다. 그런데 1년 후에 800원이 되었습니다. 돈을 빼야 하면 환차손이 -20%가 나는 것입니다. 한 번에 달러를 바꾸면 이런 변동성을 줄일 수가 없습니다.

그런데 한 달에 한 번씩 나눠서 차곡차곡 샀다면 환차손을 줄일 수 있습니다. 이번 달은 1,000원, 그 다음 달은 800원, 또 다음 달은 900원 주고 샀다면 돈을 빼야 할 때의 환차손을 커버해줄 수 있다는 것입니다.

한번은 컨설팅 받으러 오신 분이 이렇게 말씀하셨습니다.

"제가 퇴직금 1억을 타서 달러예금으로 바꿨는데 천만 원이 손실이 났어요."

2020년 1월부터 저는 '아직은 달러로 많이 바꿀 때가 아닙니다.'라고 말했습니다. 미국에 부채 사이클이 있는데, 부채가 너무 많아지면 어떻게든 해소하기 위해서 달러를 약화시키고 싶어합니다. 대외적으로는 절대 그렇게 이야기하지 않지만 종합적으로 판단해보면 그런 사이클이 있습니다. 그런데 이것을 무시하고 큰돈을 들어서 환차손을 입어버리면 주식에서의 수익을 다 갉아먹게 됩니다. 1년 후에 주식 수익이 10%가 나서 달러를 원화로 바꿔야 하는데 처음에 이미 달러에서 −20% 손실을 입었다면 결국 수수료 떼면 −13%인 것입니다.

물론 정말 장기적으로 10년 동안 빼지 않을 것이라면 상관이 없습니다. 하지만 개인 투자자들이 그렇게 장담하기는 어렵습니다. 언제 어떻게 돈이 필요할지 모르기 때문입니다.

목돈이 되면 거치식 투자를 하라

월 적립식 투자로 목돈을 만들었다면 그 다음부터는 방법을 달리해야 합니다. 목돈이 되면 시기별로 정해놓고 하는 것이 좋습니다. 저는 웬만하면 선물옵션 만기주가 지난 17~25일 사이쯤에 매수합니다. 선물옵션은 시장 자체가 주식시장보다 크기 때문에 변동성이 굉장히 큽니다. 이렇게 변동성을 크게 주는 시장에서는 이유 없이 크게 올라가는 경우도 있고 크게 떨어지는 경우도 있습니다. 그러면 주식 매수를 할 때나 매도를 할 때 마음이 심란합니다. 그래서 셋째 주, 동시 만기일이나 옵션 만기일이 지나고 나서 그때 매수를 하는 것을 추천드리고 있습니다.

그리고 목돈이 되면 이 돈이 주식시장 안에 들어가 있는 것이 지금 경기 상황에서 맞는가를 봐야 됩니다.

　미국 같은 경우에는 경기확장기가 깁니다. 그래서 템포를 늦춰도 됩니다. 그러나 한국 같은 경우에는 템포가 빠르기 때문에 그것에 맞춰서 매매를 더 해줘야 합니다. 지수도 마찬가지로 매매를 해줘야 합니다. 미국 같은 경우에는 5년쯤 되면 목돈을 따로 빼놓고 다시 배분해서 들어가는 것이 좋다고 생각합니다. 이렇게 경기지표를 보면서 투자를 할 때 거치식으로 운용할 수 있는 나만의 전략이 생깁니다. 더 자세한 것은 뒤에서 풀겠습니다.

　해외주식 투자를 처음 한다면 다달이 들어가는 것을 잊지 마세요. 월급 중에 30만 원, 50만 원씩 시작하세요. 이렇게 적립식 투자를 했을 때 가장 안전하고 수익률이 좋은 투자를 할 수 있습니다. 마음 편하게 시작해보면 그런 경험이 여러분을 투자자의 길로 인도할 겁니다.

선물옵션이란? 선물옵션 만기일이란?

파생상품에는 선물과 옵션이 있습니다. 선물은 계약을 현재가로 체결 후 결제를 추후에 정해진 만기일에 하는 것입니다. 선물계약을 매수하는 사람은 현재가보다 미래의 가격이 오를 것이라고 기대를 하는 것이고, 매도하는 사람은 현재가보다 내릴 것이라고 기대하는 사람들입니다. 방향이 틀릴 경우 손실액이 정해져 있지 않아 위험이 큽니다. 선물 계약은 만기날 반드시 청산이 됩니다.

옵션계약은 정해진 조건에 따라 권리를 사고 파는 것입니다. 가격 변동에 따라 권리를 행사할 것인지, 포기할 것인지 정할 수 있습니다. 정해진 가격으로 주식을 살 수 있는 권리를 콜옵션, 팔 수 있는 권리를 풋옵션이라 합니다. 옵션은 만기날 권리를 포기할 수 있어 원금까지만 손실이 납니다. 파생상품 시장은 유가증권(주식, 채권)시장보다 자본이 커 만기가 있는 날이 포함된 주는 변동성이 큽니다. 안정적으로 주식 거래를 하고 싶은 투자자는 만기주를 피해서 거래를 하는 것이 좋습니다.

• • •

> 주식 투자에 뛰어들려면 기꺼이 위험을 감수하겠다는
> 정신적 준비운동이 필요하다. 확실한 수익을 보장해주는
> 주식시장은 세상 어느 곳에도 없다. – 앙드레 코스톨라니

– 주식을 큰돈으로 시작하면 위험한 투자를 할 수 있다

– 맨 처음 주식 투자를 시작할 때가 가장 모를 때이다

– 월 적립식 해외주식 투자의 장점 3가지

　① 평균 매수 단가를 낮춰 안정적인 수익을 확보할 수 있다

　② 자신의 투자의 그릇을 확인할 수 있다

　③ 환차손을 커버할 수 있다

– 목돈이 되면 거치식 투자를 하라

2 FOREIGN STOCK

우상향 하는 시장에
분산 투자하라

우상향 하는 시장에 우선 투자하라

개인 투자자이고 처음 투자를 한다면 우상향 하는 시장에 투자를 해야합니다. 어느 순간에 타든 계속 올라갈 것이라는 확신이 있어야 계속 주식 투자를 할 수 있습니다. 그런데 이 종목이 올라갈지 내려갈지 모르겠다면 큰돈을 넣을 수도 없을 뿐더러 잠깐 넣는다고 해도 불안해서 금방 빼게 됩니다. 초보 투자자들이 손실을 보는 가장 흔한 패턴입니다.

개인 투자자들이 보통 시장에서 견딜 수 있는 변동성의 강도는 -15% 까지입니다. 15%를 넘어가는 순간 포기하기 쉽고 곧 손실 확정입니다. 그러므로 15%까지 깎이지 않게 관리를 해야 합니다. 그렇기 때문에 자산 배분을 해야 하고, 자산 배분을 할 때 제일 좋은 것은 시장에 대한 배분 입니다.

시장은 위기가 오면 반드시 회복을 합니다. 그 위기에 강한 시장이 있고, 다 잘될 때 더 잘 나가는 시장도 있습니다. 시장마다 리듬을, 즉 특성을 고려하여 투자를 배분해놓는 것이 좋습니다.

이것이 워런 버핏이 정말 잘하는 투자 방식입니다. 전 세계 자산을 보면서 채권과 주식의 비중을 정해두고, 빠르게 전환합니다. 사실 워런 버핏이 아니더라도 대부분의 자산가들이 당연하게 하는 방법입니다.

우상향 하는 시장 찾고, 투자하는 방법

그러면 어떻게 시장을 봐야 할까요? 차트를 늘여서 긴 기간을 보는 겁니다. 미국시장에 투자를 하고 싶다면 3대 지수, 즉 다우존스, 나스닥, S&P500을 길게 늘려서 보는 것입니다. 그러면 우상향 하고 있는 시장이 딱 보입니다. 미국이 아니더라도 다른 관심 가는 곳이 있을 수 있습니다. 인도 지수, 한국 국내지수 ETF, 해외지수 ETF 등 모두 관심이 가는 곳 어디든 전체 시장이 어떻게 움직이는지 먼저 봐야 합니다. 예를 들어 인도 시장은 변동성이 한국보다 강합니다. '한국시장의 변동성도 견디기 힘든 내가 인도시장을 견딜 수 있을까?' 이렇게 생각해보는 것입니다. 그리고 변동성을 견딜 수 있는 만큼만 투자를 하셔야 됩니다.

변동성이 크다는 것을 인지한 상태에서 인도시장에 투자를 하고 싶다면 자금을 적게 넣으면 됩니다. 예를 들어 변동성이 적은 미국시장에는 자금의 60%, 30% 정도는 한국시장, 그리고 나머지 10%만 인도시장에 넣는 것입니다.

이렇게 시장을 분산해놓으면 각각 시장들의 특성이 어떤 상황에서도 잡아주기 때문에 변동성을 견디면서 투자하기 좋습니다. 인도시장에서 크게 흔들릴 때는 미국시장이 안정적으로 잡아줍니다. 그러다가 인도시장이 확 뛰면 높은 수익률을 가져갈 수 있을 것입니다.

〈우상향 하는 S&P500, 다우존스, 나스닥 지수〉

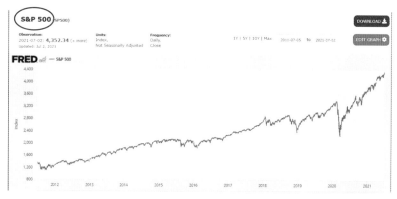

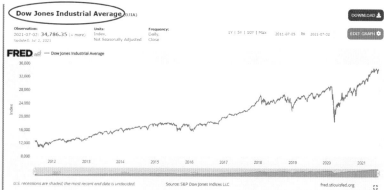

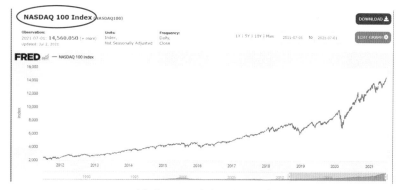

(출처: FRED 사이트 차트 활용)

눈앞의 수익이 아니라 우상향 그래프를 믿어라

이런 식으로 관심이 있는 시장, 우상향 하는 시장에 먼저 투자하면 거시적으로 볼 수 있는 안목이 생깁니다. 전체를 보고 나서 점점 좁혀 들어가며 주식 투자에 대한 공부를 하면 훨씬 더 안전합니다.

예를 들어 처음 서핑을 하러 갔다고 합시다. 그 전에 영상도 보면서 열심히 공부하고 시뮬레이션을 했습니다. 그러다가 처음으로 바다로 나갔는데 나가자마자 바로 고꾸라졌습니다. 왜일까요? 파도가 심한 날인데 전혀 고려하지 않았던 것입니다. 초보니까 폭풍우가 치는지 파도가 심한지, 겨울인지 여름인지 신경 쓰지 못하고 무작정 뛰어들기부터 할 수 있습니다.

개인 투자자들이 바로 이런 상황에 많이 빠져 있습니다. 주식을 도박이 아니라 삶을 바꿀 수 있는 강력한 도구로 만들고 싶다면 차근차근 시도하고 공부하는 것이 가장 좋습니다.

사람들이 대부분 행동을 하지 못하는 이유가 생각이 많아서입니다. 생각이 많은 이유는 시각적으로 보이지 않기 때문입니다. 단순화시켜서 시각적으로 보면 시장이 우상향 한다는 것을 뚜렷하게 볼 수 있는데 그것을 자꾸 무시하고 당장 오늘 수익을 좇습니다. 우상향 그래프는 지루해 보입니다.

주식에서 수십 배 수익을 내는 환상에 빠져 있는 것입니다. 그러나 24시간 동안 주식만 생각하는 전문가조차도 수익을 얻으려면 피나는 공부와 분석을 해야 합니다. 그런데 지금 해외주식 투자를 시작하려는 여러분은 전문가도 아니고, 24시간 주식만 붙들고 있을 수도 없습니다. 그러니 단순한 진리를 따라가는 것이 가장 좋습니다. 바로 우상향 그래프를 믿는 것입니다.

해외주식 투자로 시작을 한다는 것은 가장 넓게 볼 수 있는 투자, 제대로 나아갈 수 있는 투자를 하는 것입니다.

• • •

> 추가 하락이 두려워 좋은 가격의 기업을 포기한다면
> 장기적으로 아주 큰 대가를 치를 것이다. – 피터 린치

- 우상향 하는 시장에 우선 투자해야 거시적으로 볼 수 있는
  안목이 생긴다

- 어느 순간에 타든 계속 올라갈 것이라는 확신이 있어야 계
  속 주식 투자를 할 수 있다

- 시장마다 리듬을, 즉 특성을 고려하여 투자를 배분하라

- 차트를 늘여서 긴 기간의 그래프를 보라

- 변동성을 견딜 수 있는 만큼만 투자를 하라

- 눈앞의 수익이 아니라 우상향 그래프를 믿어라

전 세계 자금의
흐름을 보고 투자하라

주식은 파동, 하락 구간에 어떻게 대처할까?

주식은 파동입니다. 우상향 하는 시장조차 위, 아래, 위, 아래 파동을 그리면서 올라갑니다. 당연히 하락했을 때 사면 좋습니다. 그런데 그냥 하락이 아니라 코로나 바이러스 때 크게 하락하는 구간이 있다면 어떨까요? 장기적인 투자 관점에서 꼭 알아야 할 것들을 알아봅니다.

우선 가장 먼저 봐야 하는 것은 전체 주식시장에서 가장 큰 비중을 차지하고 있는 미국입니다. 미국은 소비가 중요한 나라입니다. 한국의 GDP에서는 수출이 가장 큰 비중을 차지하고 있습니다.

$$GDP = C + I + G + (X - M)$$

가계소비+기업투자+정부지출+(수출-수입)

한국은 X, 미국은 C가 중요하다는 뜻입니다. 그래서 미국에서는 국민들이 꾸준히 소비를 해줘야 경제가 제대로 굴러갈 수 있습니다. 그럼 미국 국민들은 도대체 어떤 돈으로 소비할까요?

제가 잠시 미국에서 인턴을 할 때 알게 된 사실입니다. 친구들은 돈을 주급으로 받으면서 다 쓰고 있었습니다. 저축을 하지 않는 것입니다. 사회적 시스템 자체가 소비를 부추기고 있습니다. 대신 정부에서 수입의 10%씩을 연금처럼 주식시장에 투자를 해주고 있었습니다. 그래서 미국 국민들의 자산은 대부분 금융자산입니다. 그중에서도 주식 부분이 큽니다. 이 말은 주식이 폭락하면 국민 대부분이 두려워하고 소비를 하지 않는다는 뜻입니다. 이 경우에는 미국 경제가 위험해질 수 있습니다.

〈각 국가 국민의 자산 보유 현황〉

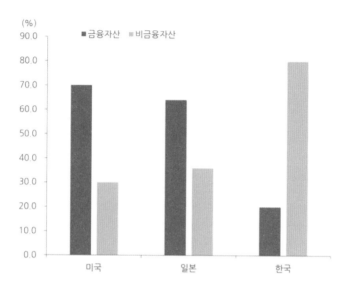

(출처: 케이프 리서치)

그래서 중앙은행은 온갖 부양 정책을 씁니다. 완전히 금리를 낮춰준다든가 돈을 마구 풀어줍니다. 정부에서도 돈을 풀어주는 재정 정책을 펴면서 주식시장을 어떻게든 살리려고 합니다.

미국주식은 급격하게 올라가기보다 1년에 7~10% 정도 안정적으로 꾸준히 오릅니다. 역사적으로도 그랬습니다.

1970년대 1·2차 오일쇼크 & 1985년 플라자 합의
- 시대가 바뀌며 일어난 주가 고공행진

1차 산업혁명, 2차 산업혁명, 3차 산업혁명이 있었습니다. 1차 산업혁명 때는 방직기, 면직기, 증기기관차들이 생겼고, 2차 산업혁명 때는 포드와 같은 회사들이 나타나면서 대량산업 체제, 컨베이어 벨트가 나타났습니다. 공급이 더 많아졌습니다. 그리고 3차 산업혁명은 64년에 IBM이 컴퓨터를 처음 만들기 시작하면서 옵니다. 70년대부터 본격적으로 반도체 시대가 시작됩니다. 지금은 3차 산업혁명이 성숙기로 접어 들어가는 시기입니다. 그래서 지금 뜨고 있는 것이 4차 산업혁명입니다.

3차 산업혁명 때, 미국이 성장을 엄청나게 하면서 두 차례 위기가 터졌습니다. 첫 번째 위기는 바로 오일쇼크입니다. 1973년에 제1차 오일쇼크, 1978년에 제2차 오일쇼크를 겪었습니다. 베트남 전쟁이 1975년에 끝났습니다. 그때까지 미국이 달러를 엄청 썼는데 이때 미국이 금태환을 안 한다고 선언하면서 금본위제가 무너졌습니다. 이때 기축통화 지위가 위태로워졌지만, 달러와 석유를 연결시키면서 그 위기를 벗어났습니다.

지금의 상황을 가장 잘 보여주는 것이 1985년도에 있었던 플라자 합의입니다. 플라자 합의는 쑹훙빙의 『화폐전쟁』에서 양털 깎기로 비유됐습니다. 미국의 부채 비중이 100%가 넘어가서 재정 정책을 펼치기 힘들어졌습니다. 달러에 대해서 위협이 들어오기 시작한 것입니다. 달러가 기축통화로 쓰이는 것이 맞는가에 대한 논의도 이루어졌습니다.

그러자 미국은 달러를 약화시키려고 합니다. 당시 일본과 독일 등 여러 나라들과 미국에 있던 플라자 호텔에서 합의를 했습니다. 미국이 달러를 낮추겠다는 것이었습니다. 그 합의 이후로 87년까지 주식시장에 거품이 끼어서 급격하게 올라갔습니다.

그런 상황이 지금 똑같이 일어났습니다. 2020년 1월에 미국과 중국이 미중 합의를 했습니다. 주가가 고공행진을 하고 있습니다. 지금도 산업혁명으로 바뀌는 시대입니다. 4차 산업혁명이 주목을 받고 있습니다. 그리고 경제 주기가 마무리가 되면서 새로운 주기가 시작되는 시대입니다.

2008년 금융위기 & 2000년 닷컴버블 위기
- 금리 인상기의 주가 폭락

이렇게 확 주가가 빠졌다가 올라갔던 시기를 역사 속에서 더 찾아보겠습니다. 가장 최근에는 2008년 금융위기가 있었습니다. 주가가 급격하게 하락했는데 그 당시 연준의장이었던 버냉키가 헬리콥터에서 돈 뿌리는 장면이 신문에 계속 나왔었습니다. 그렇게 해서 금리를 낮춰주고 부양정책을 펼쳐서 2009년도에 전 세계 주식시장이 다시 회복을 했습니다.

한국도 2009년에 회복을 했지만, 2010년 이후 2016년 말까지 경기침체기에서 벗어나지 못했습니다. 미국이 2009년부터 2020년까지 우상향했던 것과는 다른 모습입니다.

더 과거로 올라가봅시다. IT버블이라고 불리는 닷컴버블 시기가 있었습니다. 1995년부터 2000년 사이입니다. 그리고 많은 코스닥 기업들의 주식이 날아가기 시작하면서 닷컴버블이 붕괴되었습니다. 그리고 2002년부터 회복하는 모습을 보였는데, 2002년도부터 2007년까지 한국과 미국이 꾸준히 올라갔습니다. 달러 약세 때문에 한국의 상승률이 더 가팔랐습니다.

닷컴버블 위기와 2008년 금융위기에 2가지 공통점이 있습니다. 미국의 채권, 장단기 금리가 역전이 되고 나서 발생했다는 것입니다. 그리고 연준이 금리를 한참 올리고 있는, 긴축정책을 펼치고 있던 금리인상기에 일어났다는 것입니다.

〈오일쇼크, 닷컴버블, 금융위기 당시 S&P차트〉

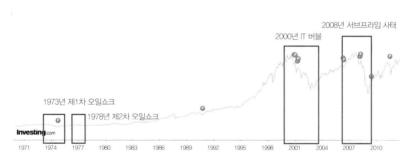

(출처: 인베스팅닷컴 차트 활용)

2021년, 지금부터 시장을 어떻게 봐야 할까?

"지금은 굉장히 확 떨어졌다가 올라와서 다시 꾸준히 올라가는 시기니까 당연히 주식 막 사야 되는 거 아니에요? 돈 다 끌어와서 살까요?"

그러나 미국은 확 떨어졌다가 확 올라가는 것을 좋아하는 나라가 아닙니다. 꾸준히 주식이 상승해줘야 경제도 전반적으로 안정이 되기 때문입니다. 게다가 2019년도에 장단기 금리가 마이너스였습니다. 장단기 금리가 마이너스가 되고 나서 긴축정책인 금리 인상기가 오면 폭락장이 왔다는 것을 기억해야 합니다.

지금은 해외시장으로 자산 배분이 필수입니다. 미국처럼 위기 후에 강한 나라는 끊임없이 우상향 하는 모습을 보입니다. 한 번에 목돈을 넣는 것보다는 꾸준히 투자할 수 있는 자금인지, 단기간에 빼야 하는 자금인지 자신이 가진 자금의 성격에 따라 전략을 짜야 할 시기입니다. 그러기 위해서는 전 세계의 자금 흐름을 봐야 합니다. 앞에서 말했던 인베스팅닷컴 어플을 보고 중요한 지표들이 발표가 되면 실시간으로 확인해야 합니다.

• • •

> 현재 시장이 갖고 있는 이미지와 실제 사실들 간의
> 차이를 명확하게 구별할 줄 아는 참을성 있는
> 투자자들이 돈을 번다. – 필립 피셔

– 경제 주기와 순환, 돈의 흐름을 살펴라

– 한국은 수출, 미국은 소비가 중요한 나라이다

– 미국 국민들의 자산은 대부분 금융자산이다

– 미국은 국민의 소비 안정을 위해 주식시장을 살린다

– 역사 속에서 현재의 대처 방법을 배워라

– 1970년대 1·2차 오일쇼크 & 1985년 플라자 합의

  : 시대가 바뀌며 일어난 주가 고공행진

– 2008년 금융위기 & 2000년 닷컴버블 위기

  : 금리 인상기의 주가 폭락

– 지금 자산 배분이 필수인 시대다

물가와 경기지표,
성공 공식을 기억하라

주식 성공 공식의 2가지 축 : 경기와 물가

주식에 공식이 있다면 믿으시겠습니까?

우선 저는 가장 단순한 진리를 믿습니다. 시장은 우상향 한다는 것입니다. 그렇다면 그중에서도 주식이 언제쯤 올라갈지 어떻게 알까요? 저는 미리 계산을 해놓습니다. 이 공식을 알기 위해서는 2가지 축을 알아야합니다.

가로축은 경기입니다. 경기가 좋으냐, 나쁘냐?

세로축은 물가입니다. 물가가 높냐, 낮냐?

〈경기 사이클 사계절〉

주식이 가장 좋아하는 시기는 물가가 낮은 상태에서 경기가 회복되는 시기입니다.

물가는 투자를 할 때 중요한 것이 아닌 것처럼 보이지만, 투자의 정보라고 할 수 있을 정도로 중요합니다. 물가가 높으면 물가를 잡기 위해서 중앙은행이 움직입니다. 물가가 높아지면 국민들이 불안해합니다. 어제 1,000원에 살 수 있었던 것을 오늘은 10만 원을 줘야 한다면 난리가 날 것입니다. 그래서 중앙은행은 물가 안정을 중요하게 생각합니다. 미국과 한국의 물가 목표 기준은 2%입니다. 가장 대표적인 조치는 고물가일 때는 고금리, 저물가일 때는 저금리입니다.

금리는 돈의 가치입니다. 금리가 20%였던 때에는 예금자들의 돈이 귀한 취급을 받았던 것입니다. 그럴 때는 정기예금을 해도 충분한 이자가 나오지만 지금은 아닙니다. 요새는 제로 금리 시대입니다. 돈의 가치가 낮아졌다는 뜻입니다. 돈의 반대에 있는 자산 가치가 올라갑니다.

돈의 가치가 떨어지니까 자산을 비싸게 주고 사야 하기 때문입니다. 그러므로 금리가 떨어질 때 부동산, 주식 등의 자산에 투자를 해야 하는 것은 간단한 사실입니다. 특히 해외주식 투자를 하고 싶다면 반드시 기억해야 되는 공식입니다. 돈의 가치가 떨어질 때 자산에 대한 투자를 늘려야 합니다.

반대로 돈의 가치가 올라가는 시기에는 자산에 대한 투자를 소극적으로 바꿔야 합니다. 이런 공식을 모르고 돈을 엄청나게 많이 부었는데 떨어진다면 그 잃은 돈을 회복하기 위해서 너무 긴 기간을 투자해야 할 것입니다.

물가가 낮은 상태에서 저금리 기조를 유지하면서 경기가 좋아지는 시기에 있는 시장에 투자를 해놓으면 편안하게 돈 벌 수 있습니다. 경기가 좋아야 주식에 대한 투자가 올라갑니다. 즉 경기를 회복하고 있는 확장기에 들어가는 시장에 투자해야 합니다. 경기가 안 좋을 때는 투자자들이 채권이나 부동산에 투자하게 됩니다.

대부분의 개인 투자자들이 물가와 경기에 대한 축을 보지 않고, 보지 못하는 이유는 투자를 한국주식에서 시작하기 때문입니다. 한국주식에서는 시장지수에 대한 투자가 지루해보일 수 있습니다. 횡보하는 기간이 길기 때문입니다. 그러니 개별 종목을 찾아다닙니다. 개별 종목도 유행하는 것들, 이미 오른 것들을 삽니다. 돈을 잃는 투자를 반복하고 있는 것입니다.

지금은 해외주식 투자를 먼저 할 때입니다. 그리고 나서 국내지수도 해보고, 업종 섹터별로도 해보고, 개별주도 해보는 것이 좋습니다. 크게 보고 넓게 보는 건 한번 배우면 쉽습니다. 그런데 좁혀 들어가서 더 자세히 공부하고 개별 위험까지 다 감수하면서 투자를 하는 건 어렵습니다. 배워도, 전문가도, 매일 해도 어렵습니다. 그 어려운 것부터 자꾸 하려고 하니까 손해를 보는 것입니다.

국내지수는 단기, 주식은 장기, 해외지수는 장장기다!

지수에서 수익 내기와 개별주에서 수익 내기가 다른 것은 당연합니다. 그러나 개인 투자자들이 쉽게 하는 착각 2가지가 있습니다.

첫째, '개별주는 단기 투자한다!' 아닙니다. 개별주로 수익을 내고 싶어서 열심히 공부했다고 합시다. 종목 분석, 기업 CEO의 비전, 재무제표 분석 등 모두 끝냈습니다. 반드시 오를 것이라고 확신도 듭니다. 그래도 원래 넣고 싶었던 돈의 절반만 우선 들어가야 합니다. 확신이 맞아서 올라가면 '내가 맞았어!' 하면서 나머지 절반을 넣고, 떨어지면 '처음보다 싸졌구나!' 하고 절반을 또 넣어야 합니다.

둘째, '국내지수는 장기 투자한다!' 아닙니다. 한국은 경기 사이클이 빠르게 돌아갑니다. 3년 8개월 중에 2년이 침체기, 정말 경기가 좋을 때는 길어봐야 6개월~1년 정도입니다. 그러니 주식시장이 좋을 때가 별로 없습니다. 그래서 다달이 자금을 빨리빨리 움직이고 싶을 때 국내지수로 하는 것이 좋습니다.

반면 미국은 사이클이 느립니다. 7년 중에 6년은 우상향 하는 시장입니다. 그래서 언제 들어가든, 얼마나 오래 들어가든 상관없습니다. 장기투자에 더욱 적합합니다. 그래서 해외지수는 2~3년 정도 두고 투자를 하면 무조건 승리합니다. 자녀 학비 마련 자금이라면 최소 2~3년 보고 해외지수에 투자해야 합니다.

그런데 오늘 넣어서 당장 일주일 뒤에 찾아야 하는 돈이면 해외지수에 넣었을 때 오히려 손해를 볼 수 있습니다. 이 경우에는 해외지수를 국내 ETF에서 투자할 수 있습니다. 환전을 안 해도 되기 때문에 한 달에 한 번씩 투자할 수 있습니다.

물가와 경기지표라는 2가지 축을 보세요. 물가가 낮은 상태에서 저금리 기조를 유지하면서 경기가 좋아지는 시기에 주목하세요. 그리고 어디에 투자하느냐에 따라 시야를 짧게나 길게 봐야 합니다. 즉 국내지수는 짧게, 개별주는 길게 봅니다. 해외지수는 환 수수료까지 생각해서 훨씬 길게 봅니다. 이것을 볼 줄 아는 사람만이 정상적으로 투자를 할 수 있습니다.

• • •

> 현명한 투자자일지라도 대중을 따라가지 않으려면 대단한 의지력이 필요하다. – 벤자민 그레이엄

- 주식 성공 공식의 2가지 축 : 경기와 물가

- 중앙은행은 물가를 잡으려고 정책을 펼친다

- 고물가일 때는 고금리 정책, 저물가일 때는 저금리 정책

- 금리(돈의 가치)가 떨어질 때 부동산, 주식 등의 자산에 투자를 해야 한다

- 경기가 좋아야 주식에 대한 투자가 올라간다

- 주식이 가장 좋아하는 시기는 물가가 낮은 상태에서 경기가 회복되는 시기이다

- 국내지수는 단기, 주식은 장기, 해외지수는 장장기다

5 FOREIGN STOCK

쉽고 편리하게
해외 ETF 투자를 시작하라

국내시장에서 해외지수를 추종하는 ETF를 찾아라

해외주식 투자, 하고 싶은데 사이트에 들어가니 온통 영어뿐이라서 어렵나요? iShares, Direxion, Vanguard…. ETF 이름 자체가 영어로 나와 있고 SPY, VOO, QQQ 등 약어도 영어입니다. 지레 겁먹고 포기를 하게 됩니다.

이럴 때는 국내시장에서 해외지수를 추종하는 ETF를 찾아보세요. 미래에셋증권에서 나오는 TIGER, 삼성증권사에서 나오는 KODEX가 있고, 한국투자증권에서 나오는 KINDEX ETF 중에서도 해외지수를 추종하면서 거래량이 충분히 많은 ETF들이 있습니다. 달러로 바꿀 필요가 없고 원화로 살 수 있으면서, 한국시장이 열려 있는 9시~3시 반 사이에 편하게 거래할 수 있습니다.

모를수록 해외주식 투자는 국내시장, 국내 ETF로 먼저 하세요. 이런 ETF를 찾아 거래를 해보고 감을 잡은 뒤에 3~5년 정도 길게 보고 투자를 할 돈이 있으면 그때 본격적으로 해외 투자를 시작하세요.

해외주식은 달러로 바꾸어 투자하는 자산이니, 외환시장의 변동성도 신경 써야 하기 때문입니다. 만약 돈이 많아서 세금까지 신경 써야 한다면 하나하나 따져보고 시작해야겠지만, 일반적인 개인 투자자들의 경우 세금을 따지다 보면 투자를 시작할 수 없습니다.

국내시장 ETF를 살펴보는 쉬운 방법

원화로 한 달에 10만 원, 20만 원씩 국내지수를 사고 싶은가요?

① 네이버 금융에 들어가서 어떤 ETF를 투자할 수 있는지 살펴봅니다. '국내증시' 카테고리를 누르고 왼쪽에서 'ETF'를 누르면 전체 ETF가 다 뜹니다. 사람들이 많이 거래를 해서 시가총액 높은 ETF부터 보입니다. 1등이 KODEX 200입니다. 시가총액 높은 200개 기업을 모아 놓은 KOSPI 200지수를 삼성자산운용에서 운용해주는 ETF입니다.

② '해외주식' 탭을 누릅니다. 해외주식에서 거래가 많이 일어나는, 즉 시가총액 높은 것부터 보입니다. TIGER 차이나전기차SOLACTIE, 미국나스닥100, 미국FANG플러스(H) 등이 나옵니다.

〈네이버금융 웹사이트 화면〉

NAVER 금융

금융 홈　국내증시　해외증시　시장지표　펀드　리서치　뉴스　MY

국내증시

금융홈 > 국내증시 > 주요시세정보 > ETF

| ETF

ETF(상장지수펀드)는 기초지수의 성과를 추적하는 것이 목표인 인덱스펀드로, 거래소에 상장되어 있어서 개별주식과 마찬가지로 기존의 주식계좌를 통해 거래를 할 수 있습니다. 그 구성종목과 수량 등 자산구성내역(PDF)이 투명하게 공개되어 있고, 장중에는 실시간으로 순자산가치(NAV)가 제공되어 거래에 참고하실 수 있습니다. ETF는 1주를 거래할 수 있는 최소한의 금액만으로 분산투자 효과를 누릴 수 있어 효율적인 투자수단이며, 펀드보다 운용보수가 낮고 주식에 적용되는 거래세도 붙지 않습니다.

주요시세정보: 코스피 코스닥 선물, 코스피200 코넥스, 시가총액 배당, 업종 테마 그룹사, ETF ETN, 상승 보합 하락, 상한가 하한가, 급등 급락, 거래상위 급증 급감

투자자별매매동향, 외국인매매 기관매매, 프로그램매매동향, 증시자금동향, 신규상장, 외국인보유, 장외시세, IPO

투자자보호: 관리종목, 거래정지종목, 시장경보종목

조건검색: 골든크로스 갭상승, 이격도과열 투심과열, 상대강도과열

기업 전자공시

공매도 거래 현황

탭: 전체 | 국내 시장지수 | 국내 업종/테마 | 국내 파생 | **해외 주식** | 원자재 | 채권 | 기타

종목명	현재가	전일비	등락률	NAV	3개월수익률	거래량	거래대금(백만)	시가총액(억)
TIGER 차이나전기차SOLACTIVE	16,045	▲ 485	+3.12%	N/A	+46.10%	5,499,473	88,286	11,187
TIGER 미국나스닥100	75,865	▲ 385	+0.51%	N/A	+11.04%	95,481	7,246	8,042
KODEX 미국FANG플러스(H)	28,810	▼ 190	-0.66%	N/A	+7.65%	368,181	10,610	5,704
TIGER 미국S&P500	12,550	▲ 75	+0.60%	N/A	+8.89%	419,014	5,261	3,828
TIGER 한국달러합나스닥100	10,060	▼ 65	-0.64%	N/A		1,132,313	11,384	3,435
TIGER 차이나CSI300	11,900	▼ 95	-0.79%	N/A	+4.35%	163,035	1,951	3,023
KODEX 선진국MSCI World	19,545	▲ 125	+0.64%	N/A	+8.25%	75,131	1,466	2,951
TIGER 글로벌4차산업혁신기...	18,630	▼ 80	-0.43%	N/A	+3.94%	92,986	1,736	2,627
KINDEX 중국본토CSI300	31,660	▼ 180	-0.57%	N/A	+4.09%	8,096	257	2,564
KINDEX 미국S&P500	12,635	▲ 85	+0.68%	N/A	+8.94%	223,809	2,827	2,502
TIGER 미국S&P500선물(H)	50,685	▲ 75	+0.15%	N/A	+6.67%	22,802	1,157	2,344
TIGER 차이나항셍테크	9,365	▼ 250	-2.60%	N/A	-8.78%	1,127,274	10,713	2,323
TIGER 미국테크TOP10 INDXX	11,235	▲ 135	+1.22%	N/A	N/A	1,532,512	17,200	2,320
KINDEX 베트남VN30(합성)	22,370	▲ 245	+1.11%	N/A	+25.18%	118,955	2,656	2,103
KINDEX 미국나스닥100	13,020	▲ 65	+0.50%	N/A	+11.06%	144,123	1,877	1,745
KODEX 한국대만IT프리미어	20,280	▼ 105	-0.52%	N/A	-0.59%	66,595	1,364	1,440
KODEX 미국S&P500선물(H)	20,875	▲ 45	+0.22%	N/A	+6.71%	26,940	562	1,346
KODEX 중국본토CSI300	14,350	▼ 65	-0.45%	N/A	+4.15%	58,025	836	1,263
TIGER 차이나CSI300레버리지(...	32,160	▼ 465	-1.43%	N/A	+7.04%	62,966	2,057	1,222
KODEX 차이나항셍테크	9,395	▼ 255	-2.64%	N/A	-8.75%	+45,441	4,248	1,179

처음 거래를 해본다면 S&P500을 권합니다. 한국의 대표기업 200개를 모아놓은 KODEX 200이 있는 것처럼, 미국에서 대표적인 기업 500개를 모아놓은 것이 S&P500입니다. 이 글을 쓰고 있는 시점 기준, 가격이 12,550원입니다. 이 ETF는 나온 지 얼마 안돼서 2020년 8월부터 뜹니다. 그렇더라도 우상향 하고 있는 그래프를 보실 수 있습니다.

〈네이버금융 TIGER 미국S&P500 화면〉

좀 더 상장일이 빠른 ETF를 한번 볼까요? 미래에셋자산운용의 해외주식지수 나스닥100을 추종하는 TIGER 미국나스닥100 ETF는 2011년부터 있었습니다. TIGER 미국나스닥100의 현재가는 75,890원입니다. 2011년부터 한 달에 15만 원씩 투자해서 2주씩 샀다면 수익률을 다 가져갈 수 있을 겁니다.

〈네이버금융 TIGER 미국나스닥100 화면〉

매월 100만 원씩 1년 모아도, 금리 2%면 수수료 떼고 세금 떼면 떨어지는 이자가 10만 원입니다. 그런데 TIGER 미국S&P500 6개월 수익률이 21.07%입니다. TIGER 미국나스닥100의 1년 수익률이 33.36%입니다. 주식이 정말 위험할까요? 지금은 주식을 하고 있지 않은 그 상황이 위험한 것입니다.

이 아름다운 우상향 그래프를 보세요. 답은 정해져 있습니다. 중간중간에 꺾여 들어가는 위기를 피하겠다고 아예 포기를 한다는 것은 투자의 기본적인 자세가 안 되어 있는 것입니다. 괜찮은 나라들은 대부분 지수가 우상향을 합니다. 그 나라 시장에 대한 확신이 얼마나 있느냐에 따라서 투자 자금이 달라질 뿐입니다. 확신을 하기 가장 쉬운 미국에서 먼저 시작하고 다른 나라로 가는 것도 좋습니다.

예를 들어 베트남이 최근에 급격하게 올라가고 있는데, 베트남 경기가 좋고 물가도 받쳐주기 때문입니다. 1년 수익률이 69%입니다.

해외시장 ETF을 살펴보는 쉬운 방법

해외시장에서 ETF를 시작하고 싶다면 인베스팅닷컴 웹사이트 또는 어플에 들어가 봅시다. ETF 탭에서 주요 ETFs를 보면 미국 시장의 ETF들이 나옵니다. 대표적인 미국의 S&P500을 추종하는 SPDR S&P500(약어 SPY)의 그래프를 최대치로 보면 1995년도에 50~70이었던 것이 지금은 434까지 올라왔습니다. 미국 운용사의 ETF를 사려면 당연히 달러가 있어야 합니다. S&P뿐 아니라 나스닥지수에 투자하는 QQQ도 인베스팅닷컴에서 검색을 하면 편하게 알아볼 수 있습니다. 좀 더 자세한 해외 ETF 관련 자료는 ETF.COM 사이트를 이용하면 좋습니다.

처음 하는 분들은 예약주문 걸어놓고 자는 것이 편합니다. 사질지 안 사질지는 시장에 맡기는 것입니다. 혹시 내 눈으로 보고 사겠다는 마음이라면 밤까지 기다렸다가 장이 열릴 때 사면 됩니다.

해외주식이라고 하면 영어도 알아야 할 것 같고, 달러로 환전도 해야 하니 복잡할 것 같지만 사실은 간단합니다. 증권사에서 모두 쉽게 할 수 있도록 만들어놓았습니다.

〈인베스팅닷컴 웹사이트 화면〉

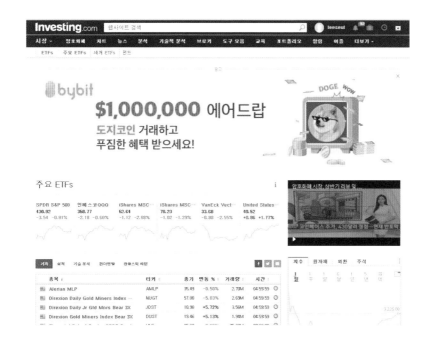

● ● ●

투자자가 대중의 히스테리에 파묻히지 않으려면
훈련을 해야 하며, 냉정하다 못해
냉소적이기까지 해야 한다. – 앙드레 코스톨라니

– 국내시장에서 해외지수를 추종하는 ETF를 찾아라

– 국내시장 : 네이버 금융–국내증시–ETF–해외주식에서 살

펴보라

– 해외시장 : 인베스팅닷컴 웹사이트 또는 어플–ETF–주요

ETF를 살펴보라, 자세한 ETF 정보는 ETF.COM 웹사이트

를 활용하라

6 FOREIGN STOCK

주식, 펀드, 선물 투자보다
ETF가 훨씬 좋다

도대체 ETF가 주식보다 좋은 이유가 무엇일까요?

주식을 할 때는 2가지를 잘 살펴야 합니다.

① 종목 선택

② 타이밍

여기서 개인 투자자들이 잘 빠지는 함정이 바로 종목 선택입니다.

"내가 가지고 있는 종목은 사자마자 계속 마이너스야!"

괴롭습니다. 그런데 다른 종목들은 오르는 것 같습니다. 그러면 가지고 있던 것을 팔고 다른 종목으로 갑니다.

종목의 문제가 아닙니다. 어떤 종목을 하든지 보유 기간에 대한 전략이 있어야 합니다. 종목만이 문제가 아니라 타이밍, 시장의 흐름, 자신의 자금 현황 등을 모두 고려하여 전략을 짜야 합니다. 그런데 이 전략을 세우는 것이 초보에게 어려운 일입니다.

그래서 이 함정에서 빠져나오기 위해 ETF로 시장에 투자하라고 추천드리는 것입니다. 스스로 생각하기에 확신이 있는, 그리고 강한 나라에 대한 투자를 하고 있기 때문에 종목을 굳이 고를 필요가 없습니다.

우선 시장에 대한 투자, 해외지수 ETF 투자로 돈을 버세요. 돈을 벌다 보면 공부하는 것이 재미있습니다. 수익 덕분에 마음에 안정이 오기 때문입니다. 그 후에 공부해서 다른 주식 투자도 같이 해보는 것이 좋습니다.

도대체 펀드보다 ETF가 나은 이유가 무엇일까요?

펀드에 투자를 한다는 것은 결국 운전대를 남에게 맡기는 것입니다. 직장인들은 어떤 상황이 발생하면 자신의 의지와는 관계없이 직장에서 나가거나 움직여야 하는 상황이 생깁니다. 자신이 일한 만큼 보상을 받지 못할 때도 있습니다. 주인이 아니기 때문입니다. 펀드도 마찬가지입니다. 자신이 운용하는 것이 아니기 때문에 수익이 생각만큼 클 수 없습니다. 또한 펀드는 수수료 자체의 부담이 큽니다. 수익은 더욱 줄어들 것입니다.

유의하실 것이 있습니다. 바로 선물시장입니다. 원칙을 지키는 것이 가장 어려운 시장이고 변동성도 큽니다. 선물시장은 참고는 하시되 가능하면 건드리지 않는 것이 맞다고 생각합니다. 왜냐하면 개인 투자자들은 감정 컨트롤이 쉽지 않습니다. 욕심은 불현듯 찾아옵니다.

2017년도에 전 세계와 한국의 경기 지수가 좋았습니다. 저는 이때 레버리지를 써서 돈을 벌었는데, 그렇게 번 돈으로 선물시장에 갔습니다. 그런데 선물시장에서 평가 잔액이 굉장히 크게 마이너스가 나버렸습니다.

저도 처음에 많이 방황했습니다. 가치 투자로 시작했다가 단타 치고, 선물옵션시장 갔다가 퀀트 투자 갔습니다. 비트코인이나 암호화폐도 당연히 했습니다. 발을 안 걸친 곳이 없을 정도입니다.

이렇게 정말 많은 투자 방법들이 있습니다. 그중에서 자신의 그릇과 성향에 맞는 방법을 찾아야 합니다. 단, 초보라면 ETF뿐입니다. 저 역시 결국 ETF를 통해서 성장했습니다. 국내시장 ETF로 시작하여 해외지수 ETF를 할 수 있었고, 해외지수 ETF를 하면서 종목 공부를 시작할 수 있었습니다. 만약 처음부터 종목 공부를 시작했다면 이렇게 큰 흐름은 볼 수 없었을 것입니다.

지금 2021년 6월, 조금 있으면 미국이 경기확장기로 들어갑니다. 확장기가 이제 시작입니다. 그래서 달러의 움직임을 보면서 장기 투자 자금은 해외 ETF로, 지금 당장 필요한 자금이면 국내 운용사에서 하는 해외지수로 투자를 하는 것이 좋겠습니다.

투자를 할 때 단순하게 물어보세요.

"내가 실행할 수 있는가? 내가 실행해서 마음이 편한가?"

우선 ETF로 시작하세요. 그리고 하나씩 발전하면서 자산을 꾸려나가
는 겁니다.

퀀트 투자 & 가치 투자

가치 투자는 기업의 가치를 계산하여 현재 주가보다 싼 기업에 투자를 하는 방식입니다. 한 기업의 가치를 비교할때는 다른 주식들과 비교하면 오류가 발생할 수 있어, 그 기업의 과거, 현재, 미래 예정치를 비교하는 것이 맞습니다. 그래서 저는 가치를 판단할 때 PER 밴드차트와 PBR 밴드차트를 이용합니다.

에프앤가이드에서 제공하는 밴드차트 자료를 네이버금융이나 증권사 MTS에서도 확인 가능합니다. 삼성전자의 PER 밴드차트를 보면 삼성이 버는 순이익에 비해 기업의 주가가 올라 정점을 찍은 수준이 PER 21.1배로 나옵니다. PBR 밴드차트는 기업이 가지고 있는 순자산에 비해 기업의 주가가 2.1배 수준을 찍었을 때가 정점으로 판단됩니다. PER 밴드가 우상향으로 바뀌는 시점이 추가 상승 여력이 있다고 보고, 이익과 자산 대비 주가(빨간선)가 저평가되어 있을 때 매수를 하는 것이 좋습니다.

퀀트 투자는 숫자를 기반으로 투자 결정을 하는 것입니다. 수학적, 통계적 기법으로 종목을 발굴하고, 그에 맞게 컴퓨터가 자동으로 매매를 하도록 합니다. 사람의 감정이 판단에 좋지 못한 결과를 가져오는 경우가 많아 손실을 줄이기 위해 기계가 판단하도록 하는 것입니다.

문제는 지표가 많아질수록 과최적화가 발생하여 실제 거래와 가설이 일치하지 않을 수 있다는 것입니다. 실제로 미국의 퀀트 펀드의 평균 수익이 3.3%로 생각보다 좋지 않은 결과를 가져왔습니다.

어느 전략이든 자신의 성향에 맞는 전략을 찾고, 계속 성장시킬 수 있는 전략을 가지고 가면 됩니다.

〈삼성전자의 PER, PBR 밴드차트〉

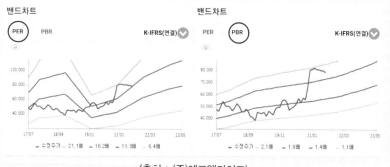

(출처 : (주)에프앤가이드)

• • •

다른 사람의 투자방식을 그대로 복제한 것이 아니라면
어떤 투자 철학도 하루 아침에, 아니 한두해 정도의
짧은 시간에 완성될 수 없다.
자신이 저지른 실수로부터 배워나가는 매우 고통스런
방법이 가장 좋은 투자 방법이다. – 필립 피셔

– 종목 문제가 아니라 보유 기간에 대한 전략이 있어야 한다

– 펀드에 투자를 한다는 것은 결국 운전대를 남에게 맡기는

것이다

– 많은 투자 방법 중 자신의 그릇에 맞는 방법을 찾아라

"내가 실행할 수 있는가? 내가 실행해서 마음이 편한가?"

– 초보자라면 우선 ETF로 시작하라

하나의 기업보다
시장에 투자하라

시장은 결국 성장한다

주식시장에 처음 들어올 때는 많은 사람들이 잘나가는 기업, 보석 같은 기업을 찾아서 투자해서 돈을 많이 벌고자 합니다. 그러나 주식시장에서는 돈을 버는 것보다 지키는 것이 중요합니다.

500만 원으로 투자한다고 생각해봅시다. 어찌저찌 하다가 250만 원이 됐습니다. 손실률은 −50%입니다. 이 250만 원을 다시 500만 원으로 만들려면 +50% 수익률을 만들면 될까요? 아닙니다. +50%면 250+125=375만 원밖에 안 됩니다. 원금을 복구하려면 250만 원이 필요하니 수익률은 +100%가 나야 하는 것입니다. 이렇게 한 번 잃으면 잃은 만큼 복구해서는 안 됩니다. 잃은 것의 2배, 3배 만큼 복구해야 합니다.

이 책에서 기업보다 시장에 투자하라고 말하는 이유가 바로 이것입니다. 시장은 흔들리지 않는 투자를 하는 가장 적합한 종목입니다. 왜냐하면 시장은 결국 성장하기 때문입니다.

시장에서는 성장하지 못하면 뒤처집니다. 상장폐지됩니다. 그리고 혁신에 발맞추어 새로운 기업들이 계속해서 나오기에 시장은 성장합니다. 이것에 대한 완벽한 믿음을 가지고 있으면 시장에 대한 투자를 할 수밖에 없습니다.

"그때는 혁신이 일어나서 시장이 올랐잖아요."
"이미 너무 오른 거 아니에요? 지금 꼭대기라고 하는데 지금 주식을 사라고요?"

당연합니다. 지금이 가장 높을 수밖에 없습니다. 가끔 가다 찾아오는 위기, 길게 보면 잠시일 뿐인 하락을 놓쳤다고 한탄만 하고 있을 수는 없습니다. 10년, 12년 만에 오는 완전 하락기를 잡겠다고 투자를 미룬 사람이 그 시기가 되었을 때 정말 투자할 수 있을까요? 지금 투자 못 하는 마음으로는 그때 돼서도 못 합니다.

개별 기업이 가진 위험도가 훨씬 크다

우리는 항상 투자시장 안에 있어야 합니다. 우리의 자산이 투자 시장에 존재하도록 만들어야 합니다. 그러기 위해서는 반드시 시장에 대한 투자가 선행이 돼야 합니다. 기업에 대한 투자를 하는 것과는 완전히 다른 개념입니다. 기업의 존속은 아무도 모릅니다. 아무리 열심히 해도 갑자기 닥치는 외부 변수, 예상치 못한 내부적인 문제 등 별별 문제들이 다 생기기 때문입니다.

그래서 기업에 투자하는 것은 시장 자체가 가진 위험도에 더해서 개별 기업이 가진 변수도 다 감내해야 한다는 뜻입니다. 시장이 가진 변수조차 계산하지 못하면서 개별 기업에 투자를 하는 것은 굉장한 위험을 가지고 가는 것입니다.

환상을 버리세요. 주식 투자로 2배, 3배를 한꺼번에 벌 수 있을 것이라는 기대를 접어야 합니다. '잘 해야지. 수익을 내야지.'라고 생각하면서 대선 테마주, 중국 테마주, 대북 테마주, 남북 경협주 등 남들을 따라가면 상처만 입게 됩니다.

결국 투자를 안전하게 시작해서 꾸준히 자산을 불리고 싶다면 시장부터 투자해야 됩니다. '내 돈이 어디에 머물게 할 것인가?'를 물어보세요. 항상 발전하고 성장하고 에너지를 가진 시장에 넣어야 합니다.

• • •

> 주식시장은 '적극적인 자에게서 참을성이 많은 자에게로'
> 돈이 넘어가도록 설계되어 있다. - 워런 버핏

- 주식시장에서는 돈을 버는 것보다 지키는 것이 중요하다

- 시장은 흔들리지 않는 투자를 하는 가장 적합한 종목이다

- 개별 기업이 가진 위험도가 훨씬 크다

FOREIGN STOCK

1 소음은 무시하고 원칙을 지켜라

2 뉴스보다 실제 돈의 흐름을 보라

3 상황에 따라 더 좋은 곳으로 옮겨라

4 미국주식은 급등할 때 매수하라

5 떨어졌다고 무작정 사지 마라

6 경제지표 활용해 매수 타이밍을 잡아라

CHAPTER 4

해외주식
투자 필승
실전 6원리

FOREIGN STOCK

소음은 무시하고
원칙을 지켜라

원칙이란 무엇일까

원칙은 정말 지키기 어렵습니다. 제목인 '소음은 무시하고 원칙을 지켜라'는 말을 봅시다. 대체 무엇이 소음이고 무엇이 원칙일까요?

소음은 주변에서 들리는 '뭐가 좋다더라' 하는 소식들, 그리고 혹하게 만드는 누군가의 이야기, 뉴스에서 나오는 알 수 없는 정보들입니다.

원칙은 자신이 경험을 해서 깨달은 것들입니다. 제 원칙이 적립식으로 분할 매수하는 것, 자산 배분 투자입니다. 감당하지 못할 만큼의 자금으로는 절대 들어가지 않습니다. 레버리지를 안 쓴다는 것이 아닙니다. '10년 동안 이 자금은 어떻게 돼도 문제가 안 돼!' 하는 자금만 주식시장에 넣습니다. 그렇게 했을 때 제일 편안하고 수익도 많이 납니다. 자신의 원칙이 있고, 그 원칙을 지키게 되면 누가 뭐라고 해도 안 들립니다.

사실 제가 가진 이 원칙들은 모두가 지켜도 되는 기본입니다. 이 원칙을 가지고 가서 따라해보고 성향에 맞게 바꿔나가시기를 바랍니다. 그런데 많은 분들이 원칙을 지키지 않습니다. 몰빵매수, 대박을 노리는 투자를 합니다.

"자산 배분이 뭐예요?"

"왜 주식 말고 채권이나 이런 시장을 왜 공부해야 되는데요?"

"주식 투자할 거니까 기업 분석하면 되는 거 아니에요?"

이렇게 생각하면서 계속 헌터처럼 종목을 찾아다닙니다. 자신의 그릇도 모르고 리딩방 같은 데 가서 계속 이것저것 종목을 사다 보니 50~60개씩 갖게 되어 관리도 안 됩니다.

원칙은 어떻게 만드는가?

개인 투자자들의 강점은 자신의 기준, 자신의 상황을 고려한 판단에 맞춰 투자할 수 있다는 것인데 많은 투자자들이 그것을 누리지 못합니다. 투자의 책임은 결국 본인에게 있습니다. 저 역시 많이 잃으면서 사람들을 찾아다녔지만 결국 뼈아픈 기억을 가지고 공부를 시작하고 경험했던 것을 토대로 투자를 했을 때 가장 수익이 안정적으로 났습니다.

투자에는 정답이 없습니다. 정답이 정해져 있는 것이 아닙니다. 다만 다양한 풀이가 존재하고 자신의 상황에 맞는 해답이 있을 뿐입니다. 이것을 적립해나가는 과정이 투자입니다.

투자 노트를 쓰고 복기하라

저는 1년쯤 주식을 했을 때 다이소로 뛰어가서 노트를 하나 사왔습니다. 1년 정도 주식을 하는데 생각보다 수익이 많이 난 것입니다. 문득 그런 생각이 들었습니다.

"수익이 많이 나네? 주식을 꾸준히 잘하면 되겠다."

그런데 돈이 어디서 났는지, 어떻게 투자를 했는지, 그래서 어디서 수익이 났는지 정리가 안 되는 것입니다. 그래서 노트에다가 처음 주식을 했던 것부터 복기를 해봤습니다. 그랬더니 보였습니다.

'개별주로 수익이 났는데 이렇게 세금을 많이 냈어? 비용이 이 정도나 빠졌어? 뭐야? ETF는 투자해서 수익밖에 안 났네? 왜 이렇게 수익이 많이 났어? 그런데 700원 빠졌다고? 말이 돼? 내가 그것을 생각 안 하고 그냥 있었네. 뭐지? 내가 종합 계좌에 투자 자금을 다 넣어놓고 매수 매도를 하고 있는데 자꾸 이상한 데에 돈을 너무 많이 투자를 하네. 왜 그랬지? 그냥 전량매수 하고 있었구나. 이게 내 습관이구나. 이걸 고치면 조금 더 나은 수익률을 낼 수 있지 않을까?'

그렇게 투자 노트를 적었습니다. 적다 보니까 생각이 정리가 됐습니다. 그렇게 정리된 생각이 바로 제 원칙이 되었습니다. 그러면서 하지 말아야 될 것들에 장치를 걸어놓게 됐습니다. 종합 계좌에서 계속 전량매수를 하니까 CMA 계좌를 하나 더 텄습니다. 같은 증권사여도 돈을 현금

화 시켜서 CMA에 넣어놓고, 어떤 주식이 사고 싶을 때 돈을 CMA에서 종합 계좌로 옮긴 후 그 금액만큼만 매수했습니다. 그랬더니 분산이 잘 되기 시작했습니다.

이런 것은 남이 해줄 수 있는 것이 아닙니다. 주식 책 많고, 주식 영상 많고, 주식 강의 많습니다. 그러나 결국 자신을 가장 잘 아는 건 자기 자신입니다. 배운 다음에 경험을 통해서 스스로 원칙을 세우고 노하우를 만들어야 합니다. 그래야 진짜 주식의 수익률을 누릴 수 있게 됩니다.

해보고, 실패하고, 헤매서 맞는 것을 찾아라

돈을 잃고 고생을 하더라도 성공하는 순간이 반드시 옵니다. 저도 중간에 굉장히 힘든 고비들이 많았습니다. 그 고비마다 반드시 '되는 방법'을 생각했습니다. 9시부터 5시까지 하루 종일 일하느라 바쁜데, 그 시간에 주식시장이 열리니까 매매를 못 했습니다. 그래서 퀀트 투자에 빠졌습니다. 문제는 자동매매가 돌아가는데, 믿을 수가 없었다는 것입니다.

"뭐야? 이 종목은 왜 샀어?"

물론 제가 걸어놓은 수식이 맞아서 매수된 것이었습니다. 하지만 역시 직접 들어가서 눈으로 보니 다르게 보였습니다. 그러니 저 자신의 투자에 확신이 생기지 않았습니다. 그래서 저는 퀀트 투자를 포기했습니다.

원칙을 세우는 데 있어서 필수 조건은 경험입니다. 시작이 반이라는 말이 있지만, 잘못된 시작은 마이너스입니다. 좋은 시작을 하세요. 좋은 멘토 만나서 따라가면서 스스로 투자 사상을 적립해나가시기를 바랍니다. 처음이 두렵다면 제게 질문과 조언을 구하는 연락을 주셔도 됩니다. 네이버카페 〈한국주식투자코칭협회〉 주식 투자의 기초부터 실행, 마인드에 대한 글이 많으니 투자할 때 꼭 참조하시기 바랍니다.

• • •

> 투자는 IQ와 통찰력 혹은 기법의 문제가 아니라,
> 원칙과 태도의 문제다. – 벤자민 그레이엄

– 다른 사람을 따라하는 투자는 결국 오래 하지 못한다

– 투자의 책임은 결국 본인에게 있다

– 소음 : 주변에서 들리는 '뭐가 좋다더라' 하는 소식들, 그

리고 혹하게 만드는 누군가의 이야기, 뉴스에서 나오는 알

수 없는 정보들

– 원칙 : 자신이 경험을 해서 깨달은 것들

– 원칙을 세우는 데 있어서 필수 조건은 경험이다

– 투자 노트를 쓰고 복기하라

– 해보고, 실패하고, 헤매서 맞는 것을 찾아라

뉴스보다
실제 돈의 흐름을 보라

뉴스에 속지 마라

주식 투자하는 사람들은 뉴스에 집중합니다. 여기저기서 들려오는 뉴스들은 지금이 위험하다고 하고, 잘나간다는 기업도 알려줍니다.

저도 예전에 뉴스 분석을 하면 돈을 벌 수 있을 줄 알았습니다. 그러나 뉴스는 하루에도 몇천 개씩 나옵니다. 새로운 기업이 생기고, 어떤 기업은 사라집니다. 새로운 상품이 나오고, 대체 상품이 나옵니다. 그에 맞춰서 뉴스들이 생산됩니다. 그런 것들을 모두 분석하면서도 중심을 잡고 투자를 할 수 있을까요? 예상치도 못했던 사건이 터졌을 때 어떻게 대처해야 할지 제대로 판단할 수 있을까요?

하지만 속지 말아야 합니다. 중요한 것은 뉴스가 아닙니다. 파동, 흐름입니다. 올라갈 때는 올라갈 만한 이유를 붙일 수 있고, 내려갈 때는 내려갈 만한 이유를 붙입니다.

채권으로 돈의 흐름을 파악하라

경기가 순환하기 때문에 채권을 주시해야 합니다. 채권에서 안전하게 돈을 지키다가 경기침체기에서 회복기로 들어서는 시기에 주식에 투자를 해야 합니다.

채권에는 자산가들이 투자를 합니다. 전통적인 자산가들은 정보를 빠르게 접하는 사람들입니다. 어떻게 보면 정보의 생산자에 가까울 수 있습니다. 이 사람들은 왜 회사채에 투자할까요?

주식시장에서 위험 신호가 오면 자금을 빼서 회사채로 옮겨두는 것입니다. 왜 국채로 안 옮길까요? 국채는 주식의 수익률을 따라가지 못합니다. 어차피 정보를 알고 있다면 안전하게 회사채로 옮겨놨다가 회복이 될 것 같으면 조금씩 주식으로 넘어옵니다. 그럼 이런 자산가들의 움직임을 어떻게 알 수 있을까요? 바로 High Yield(하이일드)의 움직임을 보면 다 나옵니다.

미국 세인트루이스 연준에서 제공해주는 자료를 FRED라는 사이트에서 볼 수 있습니다. 어플도 있습니다. 'High Yield'를 검색하면 High Yield 채권에 대한 내용이 나옵니다. High Yield가 계속 상승하고 있다는 말은 기업의 부도 위험이 높아지고 있다는 뜻입니다. 따라서 자산가들이 주식을 팔고 채권으로 자산을 이동시킵니다. 지금 나온 뉴스가 실제로 위험해서 자산가들이 자산을 주식시장이 아닌 채권시장에 넣어놓고 싶어 한다는 말입니다. 일반 대중들에게 풀리는 자료는 느립니다. 그래서 진짜로 많은 정보들을 가장 먼저 접하는 사람들의 움직임을 보면 판단에 큰 도움이 됩니다.

〈High Yield 차트로 보는 주식과 채권 이동〉

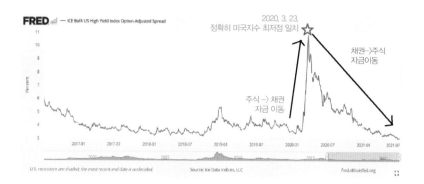

(출처: FRED 세인트루이스 연준)

실제로 〈한국주식투자코칭협회〉의 연○○ 회원님은 수익률이 200%가 넘습니다. 그게 어떻게 가능했을까요? 12년 만에 온 코로나라는 위기가 큰 하락을 만들어줬기 때문입니다.

High Yield 스프레드 자금의 이동 흐름을 보면 다 나옵니다. High Yield 스프레드가 2월 말부터 2월 26일 이후로 급격하게 상승하기 시작합니다. 주식을 팔고 채권으로 자산을 이동시켜야 할 시기였습니다. 그리고 3월 24일부터 갑자기 내려오는 모습이 보입니다. 이 시기부터는 다시 주식을 사야 할 시기입니다. 이 지표를 보고 있었다면 그들을 따라 채권으로 옮겼다가 주식에 투입할 수 있었을 겁니다.

　시장에서 위기는 반드시 극복됩니다. 그래서 모든 위기는 기회입니다. 그래서 위기가 왔을 때 판단을 잘 해야 합니다. 자산가들의 움직임을 따라가면 됩니다. 여러분이 이 지표를 잘 활용해서 자금의 이동 흐름에 집중해 투자하면 마음 편하게 돈을 벌고 원하는 삶을 사실 수 있을 겁니다.

채권 투자를 가능하게 하는 ETF

부자들은 대부분 채권자산을 가지고 있습니다. 그중 가장 안전한 것이 국가채권입니다. 한국의 경우는 한 달에 100억 정도 발행합니다. 이것이 증권회사로 배분이 되고, 증권회사에서 VIP들한테 판매를 했습니다. 이렇게 채권은 단위가 크다 보니 자산가들만 투자를 했습니다. 그런데 이것을 대중들에게까지 풀어준 것이 바로 ETF입니다.

채권 투자는 ETF로도 충분히 할 수 있습니다. 한국 국채 10년물이 지금 6~7만 원선입니다. 이것을 사면 채권 투자자가 되는데, 이 말인 즉슨 나라가 우리에게 빚을 진 것입니다.

FRED 사이트 또는 어플 활용하기

FRED 사이트는 미국의 세인트루이스 연방준비은행에서 제공해주는 사이트입니다. 미국의 각종 경제지표들을 확인할 수 있습니다.

이 사이트에서 가장 많이 보는 자료가 M2(시중통화량), High Yield 채권 스프레드(부도위험지수), 연방준비은행의 자산 변동 등이 있습니다.

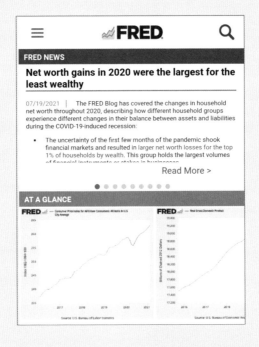

High Yield란?

High Yield 채권은 미국 회사채 중에서도 BB+ 이하 등급 회사채입니다. BB+ 이하 등급은 우량 채권보다는 부실 채권입니다.

주식 투자자에게 High Yield 스프레드 지표는 아주 유용합니다. 이 스프레드는 High Yield 채권에서 국고채 금리를 뺀 것으로 스프레드가 올라갈수록 주식시장이 위험하다는 것을 나타냅니다.

그 이유는 스프레드가 커졌다는 것은 고위험 기업들에게 빌려준 채권의 금리가 높아진다는 것이고, 높은 금리를 갚지 못한 기업들이 파산할 위험이 커지기 때문입니다. 주식은 기업에 대한 투자이므로 기업에 자금이 잘 융통될 때 투자 자금을 키우는 것이 중요합니다.

미국 시장에 투자를 할 때는 FRED에서 제공해주는 ICE BofA US High Yield Index Option-Adjusted Spread를 검색하여서 확인 후 투자하기 바랍니다.

이머징시장의 흐름을 볼 때는 다음을 검색해서 봐야 합니다.

ICE BofA High Yield Emerging Markets Corporate Plus Index Option-Adjusted Spred

• • •

> 능력 범위 안에 있는 기업만 평가할 수 있으면 된다.
> 능력 범위의 크기는 중요하지 않다. 하지만 자신의 능력
> 범위는 반드시 알아야 한다. – 워런 버핏

– 중요한 것은 뉴스가 아니라 파동, 흐름이다

– 많은 정보들을 가장 먼저 접하는 사람들의 움직임을 보라

– 채권으로 돈의 흐름을 파악하라

– FRED라는 사이트에서 'High Yield'를 검색하라

High Yield가 계속 상승한다 = 자산가들이 주식을 팔고 채

권을 사고 있다

상황에 따라
더 좋은 곳으로 옮겨라

더 좋은 시장으로 옮길 수 있다면 옮겨라

아무리 수익이 안 나도 묻지마 묻어두기 투자를 하는 경우가 있습니다. 처음에는 여기저기서 좋다고 하는 주식을 삽니다. 그렇게 사서 6개월, 1년 계속 둡니다. 수익이 조금 나니까 욕심이 나서 더 많이 오를 것을 기대하고 가지고 있는 것입니다. 그러다가 팔아야 할 때를 놓쳐 아픔만 겪는 경우들이 많습니다.

주식을 농사에 비유를 합니다. 늘 관심을 가지고 돌봐줘야 과실을 맺기 때문입니다. 그렇다면 주식시장 안의 계절이 어떤지, 어떤 아이들을 키워야 할지 알아야 수확을 할 수 있을 것입니다.

그러나 이것이 '어떤 종목이 잘 나가나?'라는 공부를 하라는 의미는 아닙니다.

'더 좋은 곳이 있다면 옮겨라.'라는 말이 주식 종목을 말하는 것이 아닙니다. 더 좋은 시장으로 가라는 말입니다.

한국에서만 투자를 하면, 한국시장 자체가 침체기일 때는 모든 주식이 영향을 받습니다. 어떤 주식만 올라가기가 쉽지 않습니다. 이렇게 한국시장이 침체기일 때는 다른 시장으로 눈을 돌려보는 것입니다. 미국은 경기확장기가 올 수도 있습니다. 2020년에 코로나 바이러스가 터졌을 때 가장 먼저 회복이 된 것은 중국이었습니다.

더 빠르게 회복이 되는 나라를 어떻게 알까요? 전 세계 지표가 어떤 식으로 움직이는지 시각화시키면 좋습니다. 앞에서 말한 2가지 축을 활용할 수 있습니다.

어떤 나라가 어디에 있는지 그림을 그립니다. 그리고 2가지 축에 대해서 알아보고 투자 판단을 합니다. 세계 투자의 중심지가 미국이기 때문에 미국을 먼저 생각하고, 그 다음에 그 영향을 받은 나라들에 대해 생각을 합니다. 미국이 싫어하는 나라, 중국에 대한 투자는 더 신중하게 생각합니다.

또한 돈의 흐름을 볼 때는 전체 자산 중에서도 가장 대표적인 자산, 채권과 주식에 주목해야 합니다. 금융자산에서는 정말 보수적인 자산들입니다. 2가지 자산이 반대로 움직인다고 생각하지만, 사실 둘 다 금융자산이기 때문에 같이 떨어지거나 오를 확률도 있습니다.

하지만 어디로 돈이 먼저 갈 것이냐는 경기에 따라 움직입니다. 경기가 안 좋으면 채권으로, 경기회복 중이라면 주식으로 갑니다. 이렇게 움직이는 금융자산에 대한 이해를 하고 투자를 하면 돈의 흐름에 따라 내가 편안하게 투자할 수 있습니다.

이렇게 국제 관계에 대한 공부, 돈의 흐름에 대해 공부를 하면 갈수록 마음 편하게 투자를 할 수 있습니다.

앞에서 FRED의 High Yield를 보는 방법을 설명했습니다. 사실 돈의 흐름을 보려면 이머징시장, 즉 미국과 다른 문화를 가진 시장을 함께 봐야 합니다. High Yield emerging이라고 검색을 하면 됩니다. 이머징시장에 대한 자본의 이동 흐름이 나옵니다. High Yield와 High Yield emerging, 이 2가지를 같이 봐야 합니다. 미국시장과 미국시장이 아닌 시장을 함께 보세요. 타이밍을 잡을 때 가장 크게 보는 지표입니다.

〈High Yield 이머징시장 스프레드 그래프 – ICE BofA High Yield Emerging Markets Corporate Plus Index Option-Adjusted Spred〉

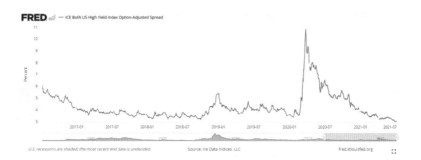

(출처: FRED 세인트루이스 연준)

국내 운용사의 해외지수 ETF부터 시작하라

해외시장 투자가 어렵게 느껴지면 국내 운용사가 만들어놓은 해외지수 ETF로 먼저 시작할 수 있습니다.

우리는 한국에 살고 있고, 우리는 원화를 씁니다. 실제로 생활하는 데 필요한 돈은 원화입니다. 그런데 해외 투자를 하기 위해 달러로 바꾸는 순간 외환시장이 끼게 됩니다. 원화와 달러 사이의 교환 가치는 계속해서 움직입니다. 생각보다 외환시장의 변동성이 큽니다. 이 변동성을 최대한 줄이는 것이 좋습니다.

초보일수록 변동성을 줄여야 합니다. 주식이면 주식시장만 보세요. 외환시장까지 끼어버리면 엄청 복잡합니다. 외환시장을 어떻게 뺄까요? 한국 운용사가 운용하는 ETF를 활용하면 됩니다. 한국주식이니까 국내주식에서 검색하면 뜹니다. 앞에서 이야기했던 TIGER 미국S&P500도 미래에셋자산운용사에서 나온 ETF입니다. 달러로 바꿀 필요 없으니 수수료 정도 내면 됩니다.

일단 이렇게 시장 안에 들어오고 경험을 하면 눈이 열립니다. 돈이 들어가 있으면 관심을 가지고 싶지 않아도 계속 관심이 갑니다. 안 보이던 뉴스들이 보입니다. 주식에 관련된 뉴스, 경제 뉴스, 금리 관련 뉴스, 경제지표 뉴스 등 자꾸 눈에 들어옵니다. 그러면 '이게 무슨 말일까?' 검색하고 공부하게 됩니다. 이렇게 주식 투자자로서 진보를 이루는 것입니다.

당연하다는 듯이 주식시장을 소유하고 있어야 합니다. 가장 빨리 가는 방법은 이미 가고 있는 사람의 뒤를 좇아서 그대로 해보는 것입니다. 체화한 후에 내 것으로 변형을 시키면 됩니다. 그러면 자본가로 살 수 있는 길에 들어서게 될 것입니다.

채권과 주식

금융자산의 대표 자산인 채권과 주식에 대한 쉬운 이해를 위해 자산의 성격을 알아야 합니다. 간단히 말해서 채권은 돈을 빌려주는 것입니다. 국가에 빌려주면 국채, 회사에 빌려주면 회사채입니다. 상환 기한과 이자가 확정되어 있는 채무이행약속증서입니다. 하지만 주식은 돈을 투자하는 것입니다. 주식회사에서 발행된 유가증권을 사면 그 개수만큼 비례하여 배당을 받을 수 있고 매매 차익을 누리기도 합니다. 따라서 채권은 안전자산, 주식은 위험자산으로 분류됩니다.

돈이 풀리면 그 나라의 경기가 좋지 않은 경우 안전자산인 채권으로 먼저 쏠립니다. 그러다 경기가 회복이 되면, 주식시장으로 넘어옵니다. 똑똑한 돈들은 자신의 부피를 키울 수 있는 곳으로 옮겨가기 때문입니다. 경기 상황에 맞추어 투자를 해야 내 돈을 지킬 수가 있습니다.

앞에서 들었던 예시를 다시 한번 떠올려 봅시다. 한 섬나라에 우산과 아이스크림을 파는 장사꾼이 각각 있다고 가정해봅니다. 우산만 파는 사람은 비가 오면 좋을 것이고, 아이스크림을 파는 사람은 해가 뜨면 좋아할 것입니다.

그런데 이 섬나라에 관광객 수가 늘면 둘 다 좋습니다. 이렇게 주식과 채권은 경기가 좋고 나쁜 관계에 따라 서로 다른 움직임을 보이기도 하지만, 저물가 저금리 기조로 돈이 풀리면 금융자산에 돈이 들어오니 둘이 함께 좋기도 합니다.

비트코인 시장

보수적인 자산의 움직임을 보는 것은 기존의 자산가들의 흐름을 볼 수 있어서 큰 도움이 됩니다. 예를 들어서 이번에 뜨거웠던 비트코인은 기존 자산이 아닙니다. 그래서 아무리 자산이 올라간다고 해도 위험을 가지고 있습니다. 돈이 많이 풀리면 어딘가 받아줄 자산이 반드시 필요합니다. 주식일 수 있고, 부동산일 수도 있고, 아니면 채권일 수도 있습니다. 그중에서 새로 생긴 자산인 비트코인에 굉장히 많은 자금이 들어왔습니다. 그런데 비트코인에는 자금의 출처를 제대로 밝히지 않아도 되는 특징이 있습니다. 때문에 검은 자본이 들어갔을 확률이 높습니다.

기존 자산가들 입장에서 생각을 해봅시다. 이것을 인정하지 않으면 검은 자본들도 사라져버릴 것입니다. 풀었던 돈의 총량이 줄어들 것입니다. 그럼 다시 돈을 풀 수 있게 됩니다. 중앙은행의 입장에서 비트코인을 인정하지 않는다는 말은 이런 흐름 때문입니다.

• • •

> 사업은 정확하게 판단하는 것과 동시에 무섭게 확산하는
> 시장 심리에 휩쓸리지 않을 때 성공할 것이다. - 워런 버핏

- 주식은 농사처럼 늘 돌봐줘야 과실을 맺는다

- 더 좋은 시장이 있다면 옮겨라

- 먼저 회복하는 주식시장을 사라

- 돈의 흐름을 볼 때는 채권과 주식에 주목하라

- 경기가 안 좋으면 채권으로, 경기회복 중이라면 주식으로

  간다

- 국내 운용사의 해외지수 ETF부터 시작하면 원화로 투자

  할 수 있다

미국주식은 급등할 때
매수하라

투자를 할 때 제일 두려워하는 것이 '이 돈을 지금 넣는 것이 맞나?'입니다. 타이밍에 대한 고민입니다. 왜 고민만 하고 공부를 시작하지 못할까요? 돈과 주식과 시장에 대한 이해가 부족하기 때문입니다.

시장은 올라갈 때 사라 : PMI지수

"싸게 사서 비싸게 팔아라!"

그런데 '싸다'는 기준이 무엇일까요? 사실 투자를 하면서 본인만의 보유 기간을 만들어가는 것이 정답입니다.

저는 미국시장 투자를 할 때는 시장이 올라갈 때 매수합니다. '그러면 비싸게 사는 거 아니에요?' 하지만 가끔 오는 위기는 있어도 시장은 결국 성장합니다. 오히려 시장이 떨어지기 시작할 때 매수하면 더 다칩니다. 한국도 미국도 마찬가지입니다.

2월에 코로나 바이러스가 터졌을 때 주식이 떨어져서 매수하신 분들 중에 피를 보신 분들이 많습니다. 지하 1층만 있는 줄 알았는데 지하 2층, 3층으로 계속 내려갑니다. 내가 버틸 수 있는 자금만큼 투자를 했다면 괜찮지만 올인하고 들어갔다면 견디지 못하고 손실을 보고 나오게 됩니다.

기억하세요. 특히 미국은 확장기가 긴 나라이므로 오히려 올라갈 때 사야 합니다.

미국의 PMI지수라는 것이 있습니다. 주식 투자하는 사람들한테는 유용한 자료입니다. 2가지의 PMI가 있는데 서비스업에 관련된 구매 관리자들이 하는 서비스 PMI, 제조업 PMI입니다. 두 개를 같이 보는 복합 PMI가 있습니다. 생산, 출하, 재고의 모든 지표를 합산한 것입니다. 이 PMI지표가 50 이상이 되면 경기확장기라고 부릅니다.

수치만 보고 50 이상이면 바로 투자할까요? 만약 PMI가 50 밑으로 계속 떨어지면 경기침체기라는 뜻입니다. 그런데 이 지표가 20에서 30, 40으로 올라가고 있다는 것은 경기회복기라는 것입니다.

회복을 하고 확장을 하는, PMI지수가 50 이상으로 올라온 것이 2020년 7월이었습니다. 지금은 60이 넘어가는 경기확장기입니다. 미국 투자를 지금부터 시작하셔야 한다는 것입니다. 이렇게 확장기가 긴 시장이 강하게 올라가려고 하는 시기에는 비싸다고 생각할 것이 아니라 그때부터 주식을 매수해야 합니다.

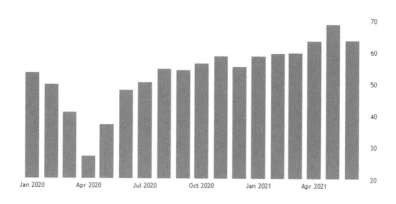

〈미국 복합 PMI〉

(출처: 트레이딩이코노믹스)

돈이 풀리는 시기에 사라

주식은 간단히 말하면 금융자산입니다. 자산은 돈의 반대편에 서 있습니다. 자산은 정해져 있는 수량이 있는데 돈이 많아지면 자산의 가치가 올라갈 수밖에 없습니다.

그러니 돈이 풀리는 시기, 돈이 많은 시기에는 자산에 대한 투자를 해야 합니다. 이럴 때는 주식을 안 하면 손해를 보는 것이나 다름없습니다.

왜냐하면 돈의 가치가 너무 땅에 떨어져 있기 때문입니다.

 돈의 가치가 땅에 떨어져 있을 때 주식 투자를 해야 합니다. 그중에서도 가장 안전하고 끝까지 가져가야 하는 것이 시장지수, 그중에서도 미국시장지수입니다.

 저는 공격적인 성향이 강한 편입니다. 남들보다 레버리지를 많이 씁니다. 그래서 늘 안전장치를 걸어두는데, 바로 현금성 자산으로 30%는 가지고 있는 것입니다. 그리고 항상 분배해둡니다. 그중 하나가 바로 미국시장입니다.

 해외주식 투자를 하고 싶다면 미국주식부터 시작하세요. 단, 싸다고 살 것이 아닙니다. 오히려 반대로 관점을 바꿔서 올라갈 때 타는 것이 안전합니다.

• • •

> 당신의 심장이 뛰는 것보다 더 빨리 행동하고
> 그것에 대해서 생각해보는 대신 무언가를 그냥 하라.
> 가난한 사람들은 공통적으로 인생을 기다리다가 끝이 난다.
> – 마윈

– 시장은 올라갈 때 사라

– PMI지수로 경기확장기를 주시하라

– 돈이 풀리는 시기, 돈의 가치가 땅에 떨어져 있을 때 사라

떨어졌다고 무작정 사지 마라

바닥을 예측하는 것보다 대응하는 것이 낫다

싸게 살 수 있으면, 위기여도 무조건 들어가야 할까요? 위기를 기회로 바꿔야 하는 것은 맞습니다. 그러나 한 가지 반드시 기억해야 할 점은 바닥을 예측할 수 없다는 것입니다. 예측을 하느니 대응을 하는 것이 맞습니다. 지금이 바닥이라고 생각했지만 더, 더 떨어질 수도 있습니다. 돈이 반토막, 반의 반토막 나는 것을 견딜 수 있을지는 다른 문제입니다.

개별주들이 싸졌을 때 들어가는 것은 위험합니다. 보통 많은 사람들이 가지고 싶어하는 물건은 비싸지는 것이 정상적입니다. 정말 괜찮은 주식이라면 비싸질 것입니다. 하지만 어떤 주식이 싸진다는 것은 투자를 결정하는 사람들의 선택이 모여서 만들었기 때문에 오히려 위험할 수 있습니다.

반면 시장이면 반드시 회복을 하기 때문에 괜찮습니다. 다만 너무 빠르게 들어갔을 때 견뎌야 하는 시간이 길어지니 힘들 뿐입니다. 시장에도 관성의 법칙이 적용됩니다. 한번 올라가려는 움직임이 보이면 타고 올라갑니다. 만약 떨어지는 시기라면 그쪽으로 가려는 관성이 강할 것입니다.

떨어질 때는 기다려라

위험한 투자를 하고 싶지 않다면 오히려 떨어질 때는 기다리세요. 너무 사고 싶으면 10%만 넣으세요. 떨어지는 순간이 시작일 가능성이 굉장히 큽니다. 코스피 2,000이 됐을 때 바닥인 줄 알고 샀는데 1,800이 되고, 1,700이 되고, 1,400이 됩니다. 그럼 모두 이렇게 예측합니다. '코스

피가 700이나 800을 보는 순간이 올 거다!' 2,000에 산 사람은 60% 손실

이 두려워지는 것입니다.

　2월 말부터 떨어진 코스피가 3월 19일이 바닥이었습니다. 3월 19일부

터는 계속 우상향 합니다. 기다리고 기다려서 바닥을 친 3월 19일날 못

샀더라도 3월 말에 샀으면 수익입니다. 굳이 떨어지는 칼날에 투자를 하

는 것은 일부러 힘든 싸움을 거는 것입니다.

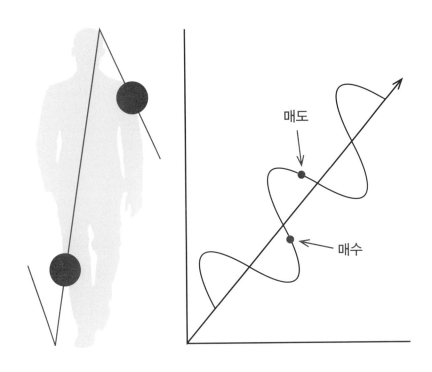

"무릎에서 사서 어깨에서 팔라."

이 말은 진리입니다. 많은 사람들의 경험에서 나온 말입니다. 더 정확히 말하면 왼쪽 무릎, 오른쪽 어깨입니다. 바닥을 치고 올라가면서 회복하려는 모습을 보일 때, 아예 쌀 때가 아니라 조금 비싸게 사더라도 안전한 시기에 들어가세요. 그리고 꼭대기가 어딜지 예측하지 말고, 꼭대기를 치고 내려오면 파세요.

떨어졌다고 들어가면 거기가 진짜 바닥인지 알 수 없습니다. 지하 1층이 바닥인 줄 알았는데 절벽 같은 지하가 기다리고 있을 수도 있습니다. 그렇게 공포에 질려 손실을 보는 경우가 많습니다.

답답한 순간에 섣부르게 행동하지 마라

그리고 시장이 횡보할 때가 있습니다. 특히 한국 코스피 같은 경우는 횡보하는 기간이 깁니다. 올해만 하더라도 2021년 1월 달부터 계속 왔다 갔다 하는 모습이 6월까지 이어지고 있습니다. 이런 횡보하는 장일수록 많은 분들이 힘들어 합니다. 코스피 200을 6개월 내내 샀는데 수익이 없으면 힘들 수밖에 없습니다. 그러면 생각이 바뀝니다.

'그래. 진짜 보석 같은 주식을 내가 찾아내보자.'

'리딩방을 들어가볼까?'

이렇게 해서 여기저기 돌아다니다가 잘못 걸리면 골로 가는 겁니다. 그런 답답한 순간들이 왔을 때 어떤 칼날을 드리울지 모르는 것이 주식의 무서운 점입니다. 시작한 그 순간이 가장 아무것도 모르는 때라는 것을 기억해야 합니다.

수영을 배우기 시작했다면 폭풍우 치는 바다에 들어갈 생각을 하는 것이 아니라 물장구치는 연습부터 꾸준히 하세요. 물론 바다에 들어가는 것이 아예 시작을 안 한 것보다는 낫습니다. 다만 시작부터 너무 크게 다치면 회복에 시간이 걸릴 것입니다.

시장 자체가 떨어졌다는 이유로 아무것도 모른 채 시작하지는 마세요. 안 다칠 정도로만 조금씩 조금씩, 다치더라도 금방 회복할 수 있을 정도로 차근차근 시작해서 경험을 늘려나가기를 바랍니다.

주식은 자본주의의 꽃이기 때문에, 언젠가 '주식 투자하기 잘했다!' 하는 순간이 올 수밖에 없습니다.

인버스

시장은 우상향 하는데, 그런 시장에서 인버스 투자를 하시는 분들이 있습니다. 정방향으로 갈 때는 레버리지를 씁니다. 레버리지는 수익이 날 때 더 수익률이 더 늘어납니다. 반대로 시장이 하락할 때 수익이 나는 상품을 인버스 ETF라고 합니다. 이 두 상품을 같이 써서 시장이 떨어지든 올라가든 무조건 수익을 내겠다는 투자자도 있습니다. 그러나 어차피 우상향 하는 시장에서 잠깐 떨어졌다가 극복할 그 하락세를 잡겠다고 인버스 투자를 하는 것입니다. 너무 어려운 투자이고, 과욕입니다.

시장은 강합니다. 위기가 오더라도 극복을 하니, 설령 꼭대기에 샀다고 해도 다시 돌아올 수 있습니다. 하지만 인버스는 시장에 역행하니 잘못 들어갔다가 나오지 못하면 손실만 커집니다. 투자를 할 때, 시장이 발전하는 방향으로 가야 한다고 생각합니다.

• • •

> 내가 엄청난 투자의 오류를 하나 고른다면,
> 그것은 주가가 오르면 자신이 투자를 잘 했다고 믿는
> 사고방식이다. - 피터 린치

- 바닥을 예측하지 마라

- 떨어질 때는 기다려라

- 떨어졌다는 것의 의미는 투자가 꺼려지는 시점이라는 것

- 시장은 방향이 정해지면 관성이 있다

- 왼쪽 무릎에서 사고 오른쪽 어깨에서 팔아라

경제지표 활용해
매수 타이밍을 잡아라

물가 : 자산의 투자를 적극적으로 해도 되는가?

경기 : 어디에 투자해야 하는가?

앞에서 이야기한 투자의 2가지 축을 기억하시나요? 바로 물가와 경기 지표입니다. 이 2가지 축을 어떻게 활용하는지 자세히 알아보겠습니다.

어디에 투자를 하든, 투자자라면 자산에 대한 투자이기 때문에 물가를 반드시 알아야 합니다.

돈을 풀고 묶는 중앙은행의 제1의 목표가 바로 물가 안정입니다. 물가 안정을 위해서 중앙은행이 돈을 풀고 거둬들이는 것입니다. 이 중앙은행이 뭘 보는지 알고 있으면 더 빠르게 정보를 알고 판단할 때 도움을 얻을 수 있는 것입니다.

물가가 너무 오르면 사람들이 불안해합니다. 갑자기 사재기를 하면서 사회가 마비될 수도 있습니다. 이것이 커지면 경제 위기가 오고, 나라 전체가 위험해질 수 있습니다. 반대로 갑자기 물가가 낮아지면 사람들이 소비를 참습니다. 기업이 투자를 늘릴 수 없으니 경기침체로 빠집니다. 그래서 중앙은행은 물가가 안정될 수 있도록 다양한 노력을 합니다. 금리를 낮춰주거나 돈을 풀어주는 등의 조치를 취합니다.

고물가일 때는 고금리 정책을 펼칩니다. 물가에 상응하도록 돈의 가치를 높여야 상대적으로 물가가 떨어질 것입니다. 반대로 저물가일 때는 저금리 정책을 펼칩니다. 돈이 더 많이 돌 수 있게 해주는 것입니다. 중앙은행 입장에서도 물가는 '우리가 자산에 대한 투자를 적극적으로 해도 되는 시기인가?'를 판단할 수 있는 중요한 지표입니다.

물가가 낮아서 금리가 낮을 때는 돈의 가치가 떨어진다는 뜻입니다. 이때는 자산의 가치가 올라가므로 자산에 대한 투자를 늘려야 할 타이밍입니다. 이렇게 물가를 보고 금리를 알았습니다. 그래서 돈을 투자를 해야 할지. 기다려야 할지에 대한 타이밍을 알았습니다. 그럼 이제 어디에 투자할지 정해야 합니다. 그것을 판단할 수 있게 하는 지표가 바로 경기지표입니다.

경기가 안 좋으면 돈 풀린 것이 다 주식이 아닌 채권이나 부동산으로 갑니다. 경기가 좋아야 주식이 올라갑니다. 경기확장기에 있는 나라의 주식에 투자하면 좋은 것입니다. 전 세계 250개 국가 중에 괜찮은 국가들을 골라내서 배분 투자를 할 수 있습니다.

물가상승률과 경기지표로 투자 판단하기

트레이딩이코노믹스라는 사이트가 있습니다. 지표를 누르면 물가상승률을 볼 수 있습니다. 1등이 베네수엘라입니다. 베네수엘라가 전년 동기 대비 2,700%, 5월 달에 2,700%, 4월에 2,400% 이런 식으로 계속 올랐습니다. 물가가 살인적으로 높아서 난민들이 많습니다. 돈이 쓰레기가 되어서 아무 것도 소비할 수 없어진 것입니다.

그 아래로 에티오피아, 이란, 수단 이런 나라들이 있습니다. 물가가 이렇게 높은 나라에는 투자를 해서는 안 됩니다. 적당한 물가를 가진, 낮은 물가의 나라들에서 오히려 돈의 자금 흐름이 주식으로 갈 수 있습니다. 적정 물가를 유지하고 있는 나라 중에서도 물가가 낮은 상태인 나라들을 파악해서 투자하는 것이 좋습니다.

〈세계 인플레이션 국가들〉

국가	마지막	이전	참고	단위
베네수엘라	2720	2941	2021-05	%
수단	363	342	2021-04	%
레바논	120	122	2021-05	%
짐바브웨	107	162	2021-06	%
아르헨티나	48.8	46.3	2021-05	%
이란	47.6	46.9	2021-06	%

(출처: 트레이딩이코노믹스)

같은 사이트에서 경기가 좋으냐 나쁘냐를 알려주는 PMI지표도 볼 수 있습니다. 전 세계의 구매 관리들이 어떤 식으로 판단을 하고 있는지 나옵니다. 서비스업이 중요한 나라가 있고, 제조업이 중요한 나라, 둘 다 중요한 나라가 있습니다. 그 나라의 시장 안에서 시가총액이 높은 기업들이 어떤 업종에 속해 있는지를 보면 알 수 있습니다.

미국 같은 경우에는 55%~60% 정도가 제조업이고, 나머지가 서비스업이기 때문에 복합 PMI를 보면 됩니다. 한국은 삼성전자, SK 하이닉스 등이 제조업이기 때문에 제조업 PMI를 보면 됩니다.

PMI지표를 보고 경기가 좋아지고 있으면 주식을 조금 더 비중을 높여서 사주시면 되고, 나빠지고 있으면 주식을 팔고 채권으로 넘어가 있으면 되는 것입니다.

〈미국 복합 PMI〉

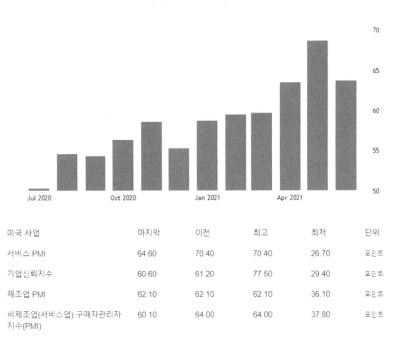

미국 사업	마지막	이전	최고	최저	단위
서비스 PMI	64.60	70.40	70.40	26.70	포인트
기업신뢰지수	60.60	61.20	77.50	29.40	포인트
제조업 PMI	62.10	62.10	62.10	36.10	포인트
비제조업(서비스업) 구매자관리자 지수(PMI)	60.10	64.00	64.00	37.80	포인트

〈한국 제조업 PMI〉

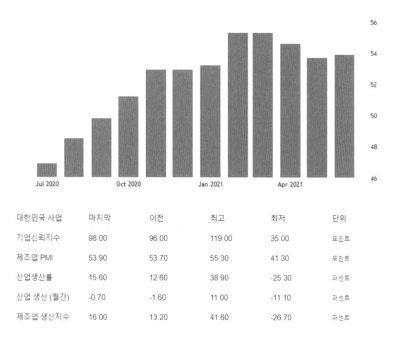

대한민국 사업	마지막	이전	최고	최저	단위
기업신뢰지수	98.00	96.00	119.00	35.00	포인트
제조업 PMI	53.90	53.70	55.30	41.30	포인트
산업생산률	15.60	12.60	38.90	-25.30	퍼센트
산업 생산 (월간)	-0.70	-1.60	11.00	-11.10	퍼센트
제조업 생산지수	16.00	13.20	41.60	-26.70	퍼센트

이런 식으로 투자를 했을 때 좋은 점이 있습니다. 경기에 맞춰서 투자하기 때문에 돈을 지키면서 투자를 할 수 있습니다. 한국에만 투자하는 것이 아니라 전 세계 자산을 배분하기 때문에 잃지 않는 투자를 할 수 있습니다.

시장에 대한 투자를 우선으로 해서 마음의 안정감을 가지고 수익을 가져가면서 꾸준히 공부하시기를 바랍니다.

돈 버는 재미 느끼는 법

초반에는 돈 벌면 쓰세요. 오늘 만약 10만 원 벌었으면 저녁에 치킨을 사먹는 것입니다. 아니면 눈여겨봤던 옷을 사거나, 가족이나 친구들한테 선물을 하세요. 내가 번 자본 수익이 현실화되어 만족감을 주면 에너지를 얻게 됩니다. 그런데 10만 원 벌어서 다시 투자를 하게 되면 실체화되어 있는 것을 느껴보지 않았기 때문에 결핍에 대해 집중하게 됩니다.

1. '내가 자본 수익으로 10만 원이나 벌었네. 치킨을 10마리나 사먹을 수 있어!' (있음에 집중)
2. '돈을 조금 더 넣었으면 100만 원 벌 수 있었는데!' (결핍에 집중)

2번보다는 1번처럼 생각하는 것이 좋습니다. 자본 수익을 누리는 연습을 해야 부를 향해 갈 수 있는 에너지를 올릴 수 있습니다.

• • •

> 투자자는 무엇이 옳고 그른지에 대해 자신만의 생각과
> 아이디어, 방향을 가지고 있어야 하며, 대중에 휩쓸려
> 감정적으로 행동하지 않아야 한다. - 앙드레 코스톨라니

– 물가 : 자산의 투자를 적극적으로 해도 되는가?

　물가가 낮다 = 금리가 낮다 = 돈의 가치가 떨어진다

　= 자산의 가치가 올라간다

– 경기 : 어디에 투자해야 하는가?

　경기가 좋다 = 생산 · 소비 · 투자 · 고용 · 수출이 잘된다

– 트레이딩이코노믹스 사이트 활용 : 물가상승률, PMI지표

FOREIGN STOCK

CHAPTER 5

해외주식 투자가
준비된 미래를
만든다

앞으로 10년, 확장기를 누려라

이제 시작된 확장기, 앞으로 10년간 누려라

"아직 해외주식을 할 마음의 준비가 되지 않았어요! 무서워요!"

마음의 준비의 문제가 아닙니다. 일단 발을 들여놓는 것이 중요합니다. 너무 큰 고민 말고 일단 시작하세요. 단돈 2만 원, 3만 원이라도 해외지수를 사보세요. 사고 나서 어떤 식으로 움직이는지 직접 봐야 합니다.

2021년, 앞으로 10년은 해외주식을 하고 있는 사람과 아닌 사람의 승패가 확연히 갈릴 것입니다.

첫 번째 이유는 미국시장과 이머징시장의 흐름이 다르기 때문입니다. 달러가 약세가 됐을 때 주식이나 부동산 같은 자산의 가치가 올라갑니다. 올라갈 때는 미국시장과 이머징시장이 같이 올라갑니다. 그런데 달러가 강세가 될 때는 다릅니다. 미국시장에서는 달러가 돈이자 자산으로 인정되어 자산의 가치가 죽지 않습니다. 그러나 다른 시장에서는 그렇지 않기 때문에 자산의 가치가 떨어지고 맙니다. 결과적으로 미국시장은 계속 올라가게 되는 것입니다.

두 번째 이유는 미국시장의 확장기가 길기 때문입니다. 지금 전 세계 시장의 경기가 좋습니다. 모두 경기확장기로 들어섰습니다. 모든 나라의 PMI지표가 50 이상입니다. 그런데 한국은 순환 주기가 짧아서 경기확장기도 짧습니다. 미국은 순환 주기도 긴 데다가 확장기가 깁니다. 그래서 확장기가 시작된 지금이야말로 앞으로 확장기를 길게 유지할 미국에 대한 투자가 필요한 것입니다.

시작의 차이가 10년 후 거대한 차이를 만든다

투자에 대해서 많이 하는 후회 중 하나가 '그때 시작할 걸!'입니다. 시장이 우상향 하기 때문입니다. 언제나 올라가고 있기 때문에 매 순간 투자하기 적합한 시점입니다. 그런데 심지어 이제 위기가 지나고 나서 확장기가 시작됐습니다. 안전하게 투자를 시작할 수 있는 시기입니다.

사실 직장인이라면 더욱더 두려움 없이 투자할 수 있습니다. 안정적으로 월급이 들어오기 때문입니다. 그런데도 우리가 이런 마인드를 가지기 어려운 이유는 월급이라는 안정에 취해 있기 때문입니다. 하지만 직장에서 영원히 있을 수 없음을 기억해야 합니다. 언젠가는 직장에서 나와야 합니다. 제2의 인생을 반드시 생각해야 합니다. 끊임없이 돈이 들어올 수 있는 파이프라인을 만들어놓아야 그때 안정적으로 다른 것에 도전할 수 있습니다.

만약 은퇴 후 인생 설계 자금, 노후 자금, 아이들 학비 등 길게 봐야 할 자금이 필요하다면, 아무것도 모르지만 해보고 싶다면 해외주식 투자를 해야 합니다. 웬만한 연금저축이나 스마트저축도 어차피 가입하고 나서 방치할 거라면 그 돈으로 해외주식을 사는 것입니다. 수익률의 차원이 다릅니다.

앞에서 여러 차례 이야기했지만 한 달에 100만 원씩 1년 모아서 금리가 2%라고 계산해도 우리 앞에 떨어지는 이자는 10만 원 남짓입니다. 그런데 미국주식에 투자를 했다고 합시다. 1년에 S&P500이 8~15% 정도 상승합니다. 수익률 차이가 엄청납니다. 게다가 투자에 대한 결정을 자신이 가지고 있을 수 있고, 소액으로 ETF를 하게 되면 세금도 거의 면제되고 수수료도 적습니다. 이런 차이가 3년, 5년, 10년이 쌓이면 어마어마한 차이를 가져올 것입니다.

앞으로 10년간은 반드시 해외주식 투자를 해야 합니다. 그중에서 미국주식에 주목해야 합니다. 미국주식을 필수로 하고 한국이나 기타 다른 시장을 병행하며 자산을 배분하는 방식이 더욱더 안전합니다.

워런 버핏은 자산 형성의 90% 이상을 50대 이후에 했다고 합니다. 주식의 복리 수익을 생각하면 시간이 지날수록 수익률은 어마어마해집니다. 그러므로 우리는 오래도록 투자자로 생존해 있어야 합니다.

복리 수익을 내려면 잃어선 안 된다

복리 수익이라는 말에 빠져서 주식 투자를 처음 시작하는 분들이 기본적인 전제 조건을 모르고 시작하십니다. 복리 수익을 누리려면 내 자산을 잃으면 안 됩니다.

예를 들어 60%의 수익이 나고 40%의 손실이 나는 반복적인 투자를 한다고 생각을 해보세요. 처음 투자할 때 내 1,000만 원의 60% 수익이 났습니다. 그러면 1,600만 원입니다. 그 1,600만 원이 다시 40%의 손실이 납니다. 그러면 남는 것이 1,000만 원이 채 안 됩니다. 즉, 한 번이라도 손실이 크게 나버리면 주식에서 복리 수익을 누릴 수 없게 됩니다.

워런 버핏이 유명한 이유는 지금까지 연평균 수익률이 꾸준히, 15~20% 정도 되기 때문입니다.

주식 투자 처음 하는 분들한테 몇 % 수익률을 원하냐고 물어보면 대부분이 굉장히 큰 수익률을 기대하고 있습니다.

한 번 들어가서 100%, 따상, 따따상 등 계속 올라가는 것을 생각하면서 주식 투자를 큰돈으로 합니다. 이럴 때 한 번이라도 자산을 잃는 순간 복리 수익의 효과는 낼 수가 없다는 것입니다.

그런 면에서 복리 수익을 누리기 위해서는 가장 좋은 방법이 해외주식 시장에도 같이 투자를 하는 방법입니다.

• • •

> 나는 내가 부자가 될 것을 알고 있었고,
> 단 1분도 의심해본 적 없다. – 워런 버핏

– 2021년, 해외시장은 앞으로 10년간 확장한다

– 달러 강세를 대비하라

– 경기확장기가 긴 미국 투자는 필수다

– 안전자산에 배분하라

진짜 돈 되는
ETF 공부를 시작하라

욕심이 난다고 해서 뛰어들지 말고 ETF부터 잡아라

사람들은 결국 자신이 가장 크게 느끼는 불안의 영향을 받습니다. 가족 중에 암에 걸린 사람이 있다면 암보험에 가입하고, 옆집에 불이 나면 화재보험에 가입하고, 미래에 대한 불안이 있으면 연금저축을 합니다. 그러나 이렇게 불안 때문에 가입했던 상품들은 돈이 되어 돌아오지는 않습니다.

결국 진짜 돈 버는 공부를 하고 싶다면 자신의 자산에 대해서는 운전대를 스스로 쥐고 가야 합니다. 그래서 추천하는 것이 주식 투자, 그중에서도 해외주식 투자입니다.

처음에 주식 투자를 할 때 개별주를 잘하고 싶은 욕심이 있는 건 어쩔수 없습니다. 운전을 한 번도 안 해본 사람이 레이싱 경주를 잘하고 싶어 하는 것이나 다름 없습니다. 그러나 욕심이 난다고 정말 뛰어들면 위험하다는 것은 당연합니다.

ETF로 시작해야 하는 6가지 이유

안전하게 주식 투자를 시작할 수 있는 방법, 가장 쉽게 잡을 수 있는 운전대가 바로 ETF입니다. 그렇다면 왜 ETF를 해야 할까요? 정리해보겠습니다.

① 비용이 적게 든다
② 운용이 투명하다
③ 자산 배분과 안정성이 좋다

④ 강한 확신으로 투자한다

⑤ 개인이 주체적으로 판단한다

⑥ 매매가 쉽다

첫째, 비용 자체가 적게 듭니다. 펀드랑 비교가 안 되게 수수료가 적습니다. 상품별로 다르지만 펀드의 수수료는 일반적으로 2~3%인데, ETF 수수료는 0.01~0.02%밖에 안됩니다. 그리고 세금도 많이 면제됩니다. 국내지수 ETF는 세금이 면제되고, 기타 다른 ETF(국내 운용사의 해외지수 ETF 포함)들은 매매 차익과 과표기준가의 차익 중 적은 것을 기준으로 세금을 냅니다.

이런 장점이 크게 작용하는 이유는 주식 투자가 바로 복리 수익을 누리기 때문입니다. 복리로 붙기 때문에 수수료가 많으면 다 그쪽으로 빠집니다. 돈 많은 사람들일수록 세금에 민감한 이유와 같습니다.

둘째, 운용이 투명합니다. ETF는 구성 종목이 실시간으로 뜹니다. 증권사에 들어가면 바로바로 볼 수 있습니다.

〈KODEX 200(한국 1등 ETF)의 구성 종목〉

KODEX 200
(KODEX 200)

종목코드 : 069500 | 분류 : 국내주식형, 대표지수 | 기초지수 : 코스피 200

CU당 구성종목 TOP 10

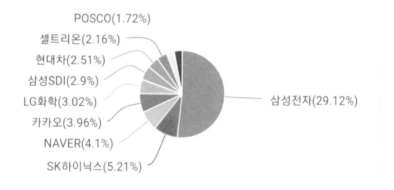

(출처: 삼성증권 MTS)

〈KODEX 200(한국 1등 ETF)의 구성 종목〉

CU당 구성종목

구성종목명	주식수(계약수)	구성비중(%)
삼성전자	7899.00	29.12
SK하이닉스	939.00	5.21
NAVER	212.00	4.10
카카오	528.00	3.96
LG화학	77.00	3.02
삼성SDI	86.00	2.90
현대차	236.00	2.51
셀트리온	178.00	2.16
POSCO	108.00	1.72

(출처: 삼성증권 MTS)

〈SPDR S&P500 ETF Trust (SPY) (미국 1등 ETF)의 구성 종목〉

SPY Top 10 Holdings [View All]

Apple Inc.	6.14%	Alphabet Inc. Cla...	2.00%
Microsoft Corpor...	5.71%	Berkshire Hathaw...	1.43%
Amazon.com, Inc.	4.29%	NVIDIA Corporati...	1.37%
Facebook, Inc. Cl...	2.27%	Tesla Inc	1.34%
Alphabet Inc. Cla...	2.06%	JPMorgan Chase ...	1.26%
		Total Top 10 Weig...	27.88%

(출처: ETF.COM)

셋째, 자산 배분과 안정성에서 ETF를 따라올 수 있는 상품이 없습니다. 지수화시켜서 전체를 살 수 있기 때문입니다. 시장이기 때문에 흔들리지 않습니다. 거래량이 적은 중소형주일 경우에는 시장의 흐름에 맞춰서 뒤틀릴 수가 있습니다. 늘 곤두세우고 전략을 수정해야 하는 것입니다. 그런데 ETF는 시장이므로 전략을 수정할 필요 없습니다. 개인이 아무리 돈이 많아도 시장보다는 돈이 많을 수가 없기 때문입니다. 그래서 가지고 있는 돈의 단위가 커지면 커질수록 ETF는 정말 유용합니다. 돈이 적어도, 많아도 해야 하는 투자인 셈입니다.

넷째, 투자자가 확신으로 투자할 수 있습니다. 개별주는 판단을 할 수는 있지만 확신의 강도가 약합니다. 그러나 ETF는 고려해야 할 것이 현저히 줄기 때문에 강한 확신을 가지고 투자를 할 수 있습니다.

앞에서 여러차례 이야기한 경제지표들을 살펴보세요. 물가상승률, 경기지표, PMI, High Yield…. 확신을 가지고 투자를 할 수 있습니다. 돈의 흐름을 보면 '이건 갈 수밖에 없다!'는 생각이 드는 순간들이 있습니다. 강한 확신입니다.

다섯째, 삶의 운전대를 본인이 쥘 수 있기 때문입니다. 버스를 타도 그 버스가 가는 정류장에서만 내릴 수 있습니다. 택시 역시 돈을 아무리 줘도 운전기사가 안 간다고 하면 어쩔 수 없는 노릇입니다. 결국 운전대는 그들이 쥐고 있으니까 어떻게 할 수 없습니다. 그래서 진짜 정말 가고 싶은 곳에 가고, 진짜 원하는 것을 이루기 위해서는 삶의 운전대도 본인이 쥐어야 합니다.

투자를 할 때도 직접 투자를 반드시 하셔야 됩니다. 아무리 운전 학원에서 배웠다고 해도 직접 운전을 해봐야 느는 법입니다. 처음부터 너무 어려운 길로 가지 마시고, 안전하면서 수익부터 내는 ETF 투자부터 시작하세요.

여섯째, ETF는 주식시장에 상장된 인덱스 펀드로 매매가 쉽습니다. 펀드는 가입하고 해지하여야 하는 번거로움이 있지만, ETF는 주식거래소에서 바로 매매가 됩니다. 돈이 필요하여 현금화시켜야 하는 경우 빠르게 자금을 융통할 수 있습니다.

저는 30세에 1인 창업을 하고 지금까지 오는 동안 투자자의 시선을 가지고 있었다는 것에 감사합니다. 20세에 주식을 접하지 않았다면 저는 계속 그 직장에 있었을 겁니다. 승진을 위해 공부했겠지만 진심으로 일하지 못했을 것이고, 삶의 운전대를 제가 잡지 못한다는 사실에 답답함을 느꼈을 것입니다. 하지만 저는 주식, 해외주식, ETF를 만나서 경제적인 자유를 이루었습니다. 여러분도 ETF에 대한 이해와 경험으로 지금보다 더 나은 삶으로 나아가시기를 바랍니다.

• • •

> 어떤 투자자의 보유 종목 수가 너무 많다는 것은
> 그 투자자가 주도면밀하다는 의미가 아니라
> 자신에게 확신이 없다는 의미다. – 필립 피셔

– 욕심이 난다고 해서 뛰어들지 말고 ETF부터 잡아라

– ETF로 시작해야 하는 6가지 이유

① 비용이 적게 든다

② 운용이 투명하다

③ 자산 배분과 안정성이 좋다

④ 강한 확신으로 투자한다

⑤ 개인이 주체적으로 판단한다

⑥ 매매가 쉽다

3 FOREIGN STOCK

해외주식 투자로
자본가가 되라

언제부터 자본소득이 노동소득을 앞질렀는가?

'벼락거지, 벼락부자' 이런 말이 있습니다. 스스로 성장하는 것에 대한 열망이 아닌 남들보다 덜 가진 것에 대한 결핍을 느끼게 하는 말입니다. 특이 이런 말은 자본소득에 대해서 이야기할 때 쓰입니다.

사회에서 '열심히 일하면 잘살 수 있다!'고 해서 열심히 공부하고 열심히 일하고 열심히 저축했습니다. 그런데 집 한 채 살 수 없습니다. 그런데 누구는 대출 받아서 사놨던 집이 2~3배로 뛰었다고 합니다. 그러니 무기력해지고 상대적 결핍을 느낄 수밖에 없습니다. 자본소득이 노동소득보다 늘어나는 속도가 너무 빠르기 때문에 답답한 것입니다.

〈생산성과 일반 근로자의 노동임금 간 불일치(1948~2013)〉

주석: 1948년~1979년까지, 생산성은 108.1% 올랐고, 시간당 임금은 93.4% 올랐다.
1979년부터 2013년까지 생산성은 64.9% 올랐고, 시간당 임금은 8% 올랐다.

(출처: 이코노믹 폴리시 인스티튜드(Economic Policy Institue) 정부 자료)

사회가 언제부터 이렇게 되었을까요?

원래 노동소득과 자본소득의 증가 속도는 비슷했습니다. 자본소득이 갑자기 올라가기 시작한 것은 1971년 이후입니다. 이것을 이해하려면 기축통화와 달러에 대해서 알아야 합니다.

　브리튼우즈 체제에서 1944년에 2차 세계대전이 끝나고 나서 1944년에 달러화는 기축통화가 되었습니다. 그 전에는 영국의 파운드화가 기축통화였습니다. 파운드화 전에는 네덜란드의 길더, 길더 전에는 스페인의 페소였습니다. 1940년대, 전설적인 미국의 재무부 장관 헨리 키신저는 말했습니다.

　"석유를 통제하는 자가 모든 나라를 통제할 것이다. 식량을 지배하는 자가 인류를 지배할 것이다. 화폐를 지배하는 자가 전 세계 경제를 지배할 것이다."

　화폐가 기축통화가 되는 것은 모든 나라의 꿈입니다. 그 지위가 미국에 있습니다.

　기축통화가 달러였던 이유가 금 때문이었습니다. 달러는 제2차 세계대전 이후, 금을 많이 가지고 있었던 미국의 금 보관증으로 시작되었습니다. 금 1온스를 35달러로 고정시킨 것입니다. 그런데 1960년대부터 팽창 정책으로 달러의 지출이 늘어난 데다 무역 적자가 발생하기 시작했는데,

주변 국가들이 이런 미국의 상황을 보고 달러를 금으로 바꿔달라고 나섰습니다. 1971년에 닉슨 대통령이 더 이상 달러를 금으로 바꿔주는 금태환을 하지 않겠다고 선언했습니다.

이때 금본위제도가 무너졌고, 돈의 양이 늘어나기 시작했습니다. 돈이 풀리니 돈의 가치가 떨어지고, 이에 자산의 가치가 치솟았습니다. 이때부터 자본소득이 노동소득을 앞서기 시작한 것입니다.

자본소득을 누려라

자본소득이 일해서 번 돈만큼 소중합니다. 자본소득이라고 해서 그냥 벌어지는 것이 아닙니다. 관심이 중요한 시장이기 때문입니다. 관심을 가지는 만큼 얻어갈 수 있습니다.

"일하지 않는 자 먹지도 말라."

이 말은 노동의 가치를 이야기합니다. 우리 모두 노동을 해서 버는 돈이 귀하다는 마인드를 가지고 있습니다. 저는 정말 일해야만 밥 먹고 살 수 있는 줄 알았습니다. 그런데 주식이 다른 길을 알려주었습니다.

"노동자가 아니라 자본가가 되었을 때 진정한 부의 소득을 누릴 수 있다!"

물론 노동의 가치는 자본의 가치와 별개입니다. 노동의 가치도 존재합니다. 다만 자본의 가치가 낮게 잡혀 있던 과거의 마인드를 버려야 한다는 말입니다. 자본소득의 증가 속도가 훨씬 앞선 지금, 부의 사다리를 타기 위해서는 노동자에서 자본가로 위치를 바꿔야 합니다. 그리고 자본가가 될 수 있는 가장 쉬운 방법이 주식입니다. 가장 쉽고 가장 큰 방법입니다.

자본소득도 노동소득만큼 소중합니다. 자산에 대한 소득을 누리기 위해서는 해외주식 투자, 미국주식 투자가 필수입니다.

금본위제 붕괴 이후 달러는?

"금본위제가 무너졌는데 왜 달러를 기축통화로 쓰나요?"

당시 헨리 키신저 재무부 장관은 사우디아라비아와 협약을 맺었습니다. 중동은 오일 쇼크와 전쟁 등으로 어려움을 겪고 있었습니다. 미국은 사우디아라비아의 왕조를 지켜주는 대신, 그들이 석유를 수출할 때 결제통화를 달러로만 받는 협약을 맺었습니다.

자원이 없는 나라는 석유를 반드시 사야 합니다. 그래서 거의 전 세계에서 석유가 필요한 만큼 달러를 뽑아내기 시작한 것입니다.

달러는 미국 정부가 아니라 FRB(Federal Reserve Bank)라고 불리는 연방준비은행에서 뽑습니다. 100달러짜리 하나 찍어내는 데 19.6센트가 들어갑니다. 엄청난 수익률입니다.

게다가 전 세계에서 달러를 쓰면서 돈이 들어옵니다. 미국 정부는 채권을 발행해서 연준한테 달러를 줘야 하니 달러를 뽑아내는 만큼 계속해서 빚이 쌓입니다.

이런 돈의 흐름, 돈을 누가 만들고 어디로 흐르는지를 알면 투자할 때 도움이 많이 됩니다.

저축에 대한 관념을 버려라

어렸을 때부터 들어온 '저축해라! 돈은 모아야 한다!'라는 말이 우리에게 너무 뿌리 깊게 박혀 있습니다. 과거는 저축이 맞았던 시대입니다.

예금이라는 상품은 고성장하는 국가의 고물가에 어울리는 상품입니다. 하지만 한국은 지금 그런 상태가 아닙니다. 이미 성숙되어 있는 국가입니다.

70년대부터 자본소득과 노동소득의 격차가 나기 시작하더니 80년대에는 본격적으로 커지기 시작했습니다. 80년대, 90년대까지도 예금이 괜찮았습니다.

그런데 2000년대를 넘어서면서부터는 그렇지 않게 됐습니다. 자본소득은 엄청나게 올라가는 반면 노동소득은 올라가는 둥 마는 둥 합니다. 자산에 대한 투자가 반드시 이루어져야 된다는 소리입니다.

• • •

> 투자의 성공 여부는 얼마나 오랫동안 세상의 비관론을
> 무시할 수 있는지에 달려 있다. – 피터 린치

– 자본소득이 노동소득을 앞질렀다

– 1971년 이후 자본수익과 노동수익의 흐름 제대로 알기

– 자본소득도 일해서 번 돈만큼 소중하다

– 자본의 가치를 낮게 생각했던 과거의 마인드를 버려라

준비에 실패하는 것은
실패를 준비하는 것이다

잘못된 시작을 되돌리는 건 몇 배로 어렵다

주식 투자를 시작하려는 분들이 간과하는 부분이 있습니다. 공부만 하고 실행을 하지 않는 것입니다. 실행을 하지 않는다는 것은 기회를 잡을 준비가 되지 않았다는 뜻입니다.

아무리 책을 읽고 영상을 보고 조언을 받아도 결국 실행하지 않으면 기회를 다 놓치는 셈입니다. 책을 읽는 순간, 조언을 받는 그 순간이 기회인 줄 모르고 지나가버립니다. 그러므로 '기회들이 왔을 때 절대 놓치지 않고 실행하겠다'고 마음먹고 시작해야 합니다.

"시작이 반이다."라는 말은 누구나 알고 있습니다. 그러나 사실 이것이 완전한 격언이 아닙니다. 사실 생략된 말들이 있습니다.

'좋은 시작이 절반의 성공이다.'

만약 옷을 입을 때 단추를 잘못 끼웠다면 아무리 다음 것을 잘 끼운다고 해도 결국에는 처음부터 다시 해야 합니다. 시작이 잘못되면 시간과 노력과 에너지가 더 들어가는 법입니다.

저 역시 잘못 시작을 한 적이 있습니다. 제게 잘못 끼운 단추 하나는 선물옵션 투자였습니다. 선물옵션 투자로 돈을 벌어보니 굉장히 유혹적이었습니다. 그래서 올인 했다가 돈을 잃고, 다시 되돌리는 데 많은 노력과 시간을 들여야 했습니다. 그래서 잘 시작할 준비를 해야 안전하게 주식투자를 할 수 있습니다.

아는 만큼 돈 벌 수 있다, 공부하라

저는 직장 다니면서 주식 투자를 시작했습니다. 7시 반까지 출근한 뒤 오후 5시까지는 주식시장에서 할 수 있는 것이 없었습니다. 야근이 많았기 때문에 집에 도착하면 보통 밤 10~11시였고, 빨라야 8시였습니다.

그래도 저는 잠들기 전까지 시장 공부를 했습니다. '어떤 방법으로 주식 투자를 해야 돈을 잃지 않고 제대로 할 수 있을까?' 늘 고민했습니다. 그렇게 밤에 공부하고, 주말에 도서관 가서 주식 관련된 책들을 계속 봤습니다. 주식을 먼저 하고 있었던 사람들의 강의를 듣고 조금씩 따라해 보면서 눈이 떠졌습니다.

저한테 맞는 방법을 찾기까지 시간이 오래 걸렸어도 결국 남들보다는 빨리 올 수 있었던 이유는 그렇게 열심히 공부하고 준비했기 때문입니다. 운에 맡기는 것이 아니라 '내가 아는 만큼 돈을 벌 수 있다'는 생각이 었기 때문입니다.

투자 노트로 잘못된 부분을 인지하라

중요한 것은 잘못된 부분을 체크해야 한다는 것입니다. 투자를 판단하거나 실행할 때 무의식적으로 하는 실수나 잘못된 것들이 있습니다. 자신을 인식하지 못하기 때문에 그것을 복기하지 않으면 똑같은 행동을 반복하게 됩니다. 결국 모르는 사이에 같은 실수를 반복하는 것입니다.

그래서 어느 정도 투자 경험이 쌓이면 투자 노트를 꼭 써보세요. 저는 1년쯤 됐을 때 노트를 쓰기 시작했고, 지금은 컴퓨터로 기록하고 있습니다. 언제 무엇을 매수했고, 언제 왜 팔았는지 적었습니다.

'왜 그렇게 투자를 할 수밖에 없었나'가 쌓여서 지금의 원칙들로 이어졌습니다. 적립식 투자, 자산 배분, 분할 매수, 분할 매도, 계좌 자체를 나눠서 현금성 자산을 반드시 가지고 있는 것. 이런 원칙들이 그냥 나온 것이 아니라 실수했던 경험을 토대로 만들어낸 것입니다.

그러니까 지켜야 한다는 마음이 강합니다.

전체 시장에 대한 공부를 하라

무조건 돈 공부를 먼저 하세요. 국내주식을 시작하더라도 모든 자산 공부의 시작은 돈 공부입니다. 돈의 이동 흐름을 알고, 전체적인 사이클이 어떻게 돌아가는지 파악하세요. 그것이 바로 거시경제 공부입니다.

전체 시장에 대한 나의 기준, 나의 생각을 미리 정리를 해두는 것이 좋습니다. 시장은 월요일에서 금요일에 움직입니다. 저는 처음에 인베스팅닷컴 어플에서 전 세계 지수를 확인하고, 투자에 관련된 뉴스만 봅니다. 캘린더에서 어떤 지표들이 뜨는지, 그 지표들 중에서 진짜 중요한 지표는 뭔지, 거기서부터 공부를 시작했습니다.

지금은 투자자로서 저만의 루틴이 있습니다. 아침에 일어나면 미국시장이 어떻게 움직였는지, 어떤 식으로 거래가 됐는지 봅니다. 그 안에 투자자들의 생각이 다 담겨 있습니다. 그러면 마음의 준비가 됩니다. 그리고 나서 뉴스 체크를 합니다. 중요한 리포트들은 오전이 아니라 장 마감 후에 봅니다.

이렇게 전체 시장을 보고 정리를 하다 보니 배운 것들을 적용할 수 있고, 또 저만의 생각이 생겨서 그것에 따라 투자를 할 수 있었습니다.

• • •

> 성공은 그 자체로 실패의 씨앗을 품고 있으며,
> 실패는 그 자체로 성공의 씨앗을 품고 있다. – 하워드 막스

- 좋은 시작이 절반의 성공이다

- 잘못된 시작을 되돌리는 건 몇 배로 어렵다

- 아는 만큼 돈 벌 수 있다, 공부하라

- 투자 노트로 잘못된 부분을 인지하라

- 전체 시장에 대한 공부를 하라

- 투자자로서 나만의 루틴을 만들어라

해외주식 투자로
매달 월급만큼 수익 내라

나는 회사를 그만두기 위해 주식 투자를 시작했다

제가 주식 투자를 처음 시작했을 때의 이야기를 해보려고 합니다. 주식 투자를 시작한 이유는 당연히 직장생활이 너무 힘들어서였습니다. 이 책을 읽는 여러분도 아실 겁니다. 열정페이, 스스로가 사회의 부품이라고 느껴지는 순간들.

첫 직장에서 저는 모든 것을 다 바쳐서 일을 했습니다. 열심히 일할 때는 좋았습니다. 열심히 일한 만큼 인정받고, 고객님들과 인연을 쌓으며 뿌듯한 시간도 있었습니다. 그런데 답답했습니다. 제가 자유롭다는 생각을 할 수가 없었습니다. 어느 날, 저는 언제나와 같이 은행 창구에서 번호표를 누르고 있었습니다. 그러다 잠깐 창문 밖을 봤는데 비둘기가 햇빛을 받으면서 모이를 쪼고 있었습니다.

'나는 한 평 남짓한 창구에서 벗어나지 못하는데 저 비둘기들은 자유롭게 돌아다니고 있네. 차라리 비둘기가 되고 싶다.'

그날부터 어떻게 해서든 여기서 나가야겠다는 생각을 하기 시작했습니다. 하지만 나가서 어디로 가겠습니까? 다른 직장도 똑같을 것이라는 생각이 연이어 들었습니다. 직장은 첫 직장이었지만 여러 군데에서 인턴 생활을 해봤기 때문입니다.

결국 직장을 다니는 이유가 월급 때문이니, 월급만큼 수익을 올릴 수 있는 장치가 필요했습니다. 그래서 당장 시작할 수 있었던 주식을 하기 시작했습니다.

"다달이 월급 만드는 시스템을 주식으로 구축한다."

이것이 제 목표였습니다. 가치 투자로 시작해서 기술적 투자, 단타, 차트 공부, 증권사에서 제공해주는 툴까지 모두 해봤지만, 반복해서 매매를 할수록 증권사가 돈을 벌도록 하고 있다는 느낌이었습니다. 그래서 답을 찾다가 자산 배분 투자를 하게 되었고, 자산 배분을 위해 길을 찾다 보니 ETF와 해외주식 투자까지 하게 된 것입니다.

저항을 이겨내셔야 합니다. "주식 위험하대, 하지 마!"라는 외부의 저항, 그리고 "그냥 직장 다닐까?" 하는 내면의 저항입니다. 진짜로 원하는 것을 상상하고 그것이 이루어질 수 있는 수단을 발견한다면 당연히 해야 합니다. 저항을 이겨내고 앞으로 나아가야 합니다.

그리고 저에게는, 그리고 부자를 꿈꾸는 여러분에게는 그 수단이 바로 주식입니다. 지금은 돈의 가치가 너무 떨어져 있기 때문에 오히려 주식을 하지 않는 것이 더 위험한 시대입니다. 게다가 주식으로 월급 받는 투자를 목표로 한다면 결국 해외주식 투자 공부를 해야 합니다.

결국 당신이 답을 알고 있다, 답을 좇아라

어렵게 생각하지 마세요. 계좌부터 만드세요. 계좌 만드는 것부터 어렵게 느껴진다면 유튜브에 검색하세요. 할 수 있습니다. 그리고 이것저것 눌러보세요. 매수, 매도, 주문, 그래프, 차트…. 그러면서 또 찾아보고 물어보면서 시작하면 됩니다.

그러나 점점 어려워질 것입니다. 공부는 원래 어렵고 힘듭니다. 돈이 엮여 있기 때문에 두려울 것이고, 실패도 하고 실수도 하게 됩니다.

그렇게 많은 분들이 혼자 가려다가 지쳐서 포기합니다. 그러나 현명한 사람들은 돈을 아끼는 것이 아니라 시간을 아낍니다. 전문가에게 배우세요. 책을 읽고, 강의를 보고, 강연을 들으러 발품을 파세요.

저는 부자들의 자서전을 봤습니다. 자수성가형 부자들의 이야기를 보면 돈의 흐름을 어떻게 읽었는지, 어떻게 준비하고 투자를 하는지 배울 수 있습니다.

제가 책을 써서 많은 분들에게 제 경험과 노하우를 나눌 수 있었던 것은 24년 동안 책쓰기라는 한길만 걸어오신 김도사님 덕분이었습니다.

자수성가한 부자는 남다른 열정과 노하우, 그 누구에게서도 배울 수 없는 높은 의식을 가지고 있다는 사실을 김도사님을 통해 알았습니다. 직장인이 아닌 좀 더 가치 있는 일을 하고 싶었던 29세의 저에게 김도사님은 '가치', '의식', '꿈'에 대한 목표 설정과 실행 방안까지 아낌없이 알려주셨습니다.

김도사님의 배우자이신 권마담님은 의식대학을 운영하며, 많은 사람들이 성공으로 갈 수 있도록 라이프와 마인드에 대한 코칭을 해주고 계십니다. 권마담님이 저에게 "착한 여자가 아닌 강한 여자가 되라."라는 말을 해주셨을 때 저는 진정한 자유를 찾았습니다.

스스로 어떤 선택을 하든 모든 것이 나를 중심으로 돌아가게 만들 수 있다는 사실을 알고 관계에서의 진정한 자유도 찾을 수가 있었습니다.

저는 많은 작가들의 꿈인 ABC엔터테인먼트 소속 작가로 활동하며, 두

분을 옆에서 보면서 누구보다 빠르게 성장했습니다. 30세에 1인 창업가, 멘토, 동기부여가, 강연가로 영향력 있는 삶을 살고 있습니다. 제가 이렇게 단숨에 위치를 바꿀 수 있었던 것은 김도사님, 권마담님과 같은 훌륭한 멘토를 만났기 때문입니다.

이것은 주식에 대한 이야기가 아닙니다. 마인드의 문제입니다. 성공하고 싶다면, 직장생활이 아니라 꿈에 대해서 고민을 한다면 결국에는 여러분 안에 답이 있다는 것을 알게 될 것입니다. 그 답을 좇으세요. 그 감정과 느낌을 좇으세요. 그래야지만 답을 찾을 수가 있습니다.

"착한 여자가 아닌 강한 여자가 되라."

– 권마담

유튜브 촬영 중인
〈한국석세스라이프스쿨〉 대표 권마담(권동희)님

• • •

> 주식 분석이란 거의 재미없고, 아주 사소한 것들까지
> 챙겨야 하는 어려운 작업이다. 따라서 기업을
> 제대로 평가하고 주식의 적정한 가치를 매기는 훈련을
> 충분히 쌓지 않는다면, 주식 투자가 패가망신의
> 지름길이 될 것이다. – 랄프 웬저

- 다달이 월급 만드는 시스템을 주식으로 구축하라

- 주식을 하지 않는 것이 더 위험한 시대다

- 일단 시작하라

- 돈이 아니라 시간을 아껴라

해외주식 투자로
당신도 부자의 꿈을 현실로 만들어라

의식적으로 원하는 모습을 가까이하라

버킷리스트가 유행이지만, 왜 중요한지에 대해서는 모르는 분들이 많습니다. 버킷리스트가 중요한 이유는 그것이 실제로 이루어지기 때문입니다.

우리에게는 무의식적으로 생각하고 상상하는 것들이 있습니다. 나도 모르게 튀어나오는 꿈, 소망, 목표 같은 것들입니다. 그리고 무의식적으로 보고 싶지 않은 것은 외면하고, 알고 싶지 않은 것은 잊어버립니다. 좋아하는 것을 크고 강렬하게 인지하기도 합니다.

그러나 정말 꿈을 이루려면 의식적으로 원하는 것만 보고, 원하는 것만 생각해야 합니다. 자신이 처한 상황과 현실이 마음에 들지 않으면, 그것을 쳐다보면서 집중하는 것이 아니라 진짜 원하는 모습과 원하는 상황을 의식적으로 생각해야 합니다. 그리고 반드시 손으로 써야 합니다. 그리고 시각화합니다. 살고 싶은 집, 살고 싶은 나라, 갖고 싶은 차, 사람들에게 박수를 받는 장면, 행복한 표정을 찾아 잘 보이는 곳에 둡니다.

'맞아. 내가 이런 집에 살고 싶었지.'

'내가 원하는 차가 이런 차였지.'

'내가 바라는 내 모습은 이런 거야.'

보이지 않을 때는 생각 중 하나였던 것을 글로 쓰고 눈앞에 보면 현실로 이루어질 확률이 올라갑니다. 우리의 뇌에 있는 뇌간이 파충류의 DNA와 100% 일치한다고 하는데, 파충류는 자신이 본 색으로 자신을 바꿀 수 있습니다. 우리도 마찬가지입니다. 인간의 뇌간도 시각적으로 체험하고 느껴본 것만 현실로 만들 수 있습니다.

저는 코르크 보드판에 제 버킷리스트를 구체적으로 쓰고, 거기에 맞는 이미지들을 다 붙여놨습니다. 그것을 보면 가슴이 뜁니다. 의식적으로 자꾸 보려고 합니다.

부자의 꿈을 이루는 주인공이 되라

저는 제 인생 영화의 시나리오를 써났습니다.

'나는 어떤 사람이 되어서 어떤 활동을 하고 그 활동으로 인해서 어떤 영향을 끼칠 것이며, 나의 삶은 어떤 식으로 흘러간다.'

한 편의 영화로 놓고 보면 저는 주인공입니다. 제가 할 수 없는 것은 이 세상에 있을 수 없습니다. 무한한 능력을 가진 사람이고, 많은 사람들한 테 내가 가지고 있는 것을 주었을 때 크게 될 사람입니다.

새로운 세상이 펼쳐집니다. 매일의 시뮬레이션을 돌리면서 하루를 시작하게 됩니다. 오늘 제가 생각한 대로 하루가 흘러갈 것이라고 믿습니다. 그러면 그것이 가능해지는 방법을 찾게 됩니다. '잘 안 될 것 같은 느낌'의 구렁텅이에 빠지면 '내가 뭘 해서 되겠어? 이미 벌어진 일인데.' 이렇게 생각하게 됩니다. 이미 벌어진 일은 벌어진 일이지만 그 일에 대한 관점을 바꿔서 또 다른 일을 할 수 있는 힘으로 만들어낼 수는 있습니다. 그러면 잘 안 됐던 일도 나중에 돌아봤을 때 감사한 일이 될 수 있는 법입니다.

투자는 우리가 어떻게 인생을 살아가야 하느냐와 같은 원리입니다. 작은 것에 집착하지 말고, 남의 말에 귀 기울이지 말아야 합니다. 늘 주도적이고 성장해야 합니다. 좋은 쪽으로 완성될 것이며 꿈꾸는 것이 가능하다는 마인드에서 시작해야 합니다. 그것이 꿈꾸는 인생과 꿈꾸는 투자를 현실로 만들어줄 것입니다.

이 책을 읽고 부자의 꿈을 현실로 만드시기를 바랍니다. 오늘의 주인공은 여러분입니다. 해외주식 투자로 모두 원하는 것을 이루시기를 바랍니다.

주식에 대해서 아무 것도 몰라요.
공부할 시간도 없는데, 해보고는 싶어요. 어떻게 하죠?

'미국시장지수'에 '적립식'으로 투자를 시작하세요. 순환이 빠르고 변동성
이 큰 한국시장과는 달리 미국시장지수는 대체로 우상향 그래프를 그리
기 때문에 초보자가 투자할 때 위험성을 가장 낮출 수 있는 방법입니다.
또한 시장은 예측할 수 없으므로, 적립식으로 투자를 해야 평균 매수 단
가와 환차손을 줄일 수 있습니다.

매달 적립식으로 투자를 하고 있었는데,
저번 달에는 돈이 없어서 못했어요. 어떻게 되는 거죠?

적립식 투자를 하다가 못 넣어도 큰일이 나지는 않습니다. 적립식 투자
는 주식시장에서 훈련하기 위한 것입니다. 더 이상 고정적으로 다달이
투자를 할 수 없는 여건이 되었다면 이미 들어간 자금으로 운용하면 됩
니다. 그러다 또 적립식 투자를 할 수도 있고, 목돈이 모였다면 거치식
투자로 전환할 수도 있습니다. 개인 상황과 시장 흐름에 따라 유연하게
전략을 세우세요.

주린이들은 왜 ETF로 해야 하죠?

종목의 함정에서 빠져나오기 위해서입니다. 어떤 종목에 투자하느냐가 아니라 어떤 전략을 가지고 있느냐가 문제입니다. 그러나 투자 초보 주린이들은 아직 전략을 세우기 어렵습니다. 지식도 경험도 부족합니다. 그래서 위험성이 가장 적어서 안정적으로 투자를 할 수 있으면서도 운전대를 스스로 쥐고 투자할 수 있는 ETF를 권하는 것입니다.

직장인들은 왜 해외주식 투자를 해야 하죠?

첫째, 시간입니다. 직장인들의 일과 시간에 열려 있는 국내 주식시장과는 달리 해외 주식시장은 한국의 새벽 시간에 열립니다. 해외주식 투자를 하면 낮에는 일에 충실하고, 퇴근 후 주식 투자를 열심히 할 수 있습니다.

둘째, 수익입니다. 직장인들이 투자하는 돈은 보통 '언젠가는 필요할 돈'입니다. 때문에 언제 현금으로 바꿔도 손해보지 않도록 변동성이 적어야 하고, 가능하면 꾸준한 수익률을 올려야 합니다. 주린이들이 국내시장에서는 하기 어려운 투자이므로, 해외시장으로 가야합니다.

ETF 투자를 시작해보려고 해요. 뭘 가장 먼저 봐야 할까요?

시장지수 ETF로 시작하기를 권합니다. 특히 국내시장에서 해외지수를 추종하는 ETF를 추천합니다. 또한 거래량을 보세요. 거래량이 많은 ETF를 골라야 합니다. 거래량이 적으면 제3자, 즉 운용사를 중간에 놓고 거래를 해야 합니다. 원하는 가격에 사고팔 수 없게 되는 것입니다.

레버리지가 뭐죠? 언제 쓰는 건가요?

레버리지는 지렛대(leverage)를 사용한 것처럼 실제보다 높은 수익률이 발생하는 것입니다. 수익을 올리기 위해서 돈을 빌려(부채) 자산을 매입하는 것을 말합니다. ETF 중에서도 레버리지 ETF가 있는데, 변동폭의 몇 배로 이익 및 손실률을 계산하는 상품입니다.

레버리지는 경기가 바닥을 찍고 올라갈 때, 투자자들이 채권을 팔고 주식을 살 때 활용하는 것이 좋습니다. 해외시장에서 급격한 경기회복의 지표가 나타나면 레버리지 ETF를 사는 방식이죠. 일반적으로 레버리지는 위험하다는 인상이 있지만 레버리지 ETF로 가격을 낮추어 매수하면, 나머지 부분 현금을 보유할 수 있게 됩니다. 이러한 현금 보유 전략이 오히려 안정적인 투자를 가능하게 합니다.

주식과 채권, 어디에 투자할까요?
또 침체기와 확장기 중 언제 투자할까요?

경기는 순환합니다. PMI지표가 50 밑으로 떨어지면 경기침체기, 점점 올라가면 경기회복기라는 것입니다. 많은 자산가들이 침체기에 채권에서 돈을 지키고, 경기회복기로 들어설 때 주식에 투자하기 시작합니다. 또한 주식시장에서 위험 신호가 오면 자금을 빼서 회사채로 옮깁니다. 특히 미국은 경기확장기가 길기 때문에, 오히려 올라살 때 주식에 투자해야 합니다.

정보가 빠른 자산가들의 움직임을
어떻게 알 수 있을까요?

High Yield 채권의 움직임을 보세요. High Yield 채권은 미국 회사채 중 하나인데, 우량 채권보다는 부실 채권이라고 할 수 있죠. High Yield가 계속 상승하고 있다는 말은 고위험 기업들에게 빌려준 채권의 금리가 높아진다는 의미인데, 즉 기업들이 파산할 위험이 커진다는 의미입니다. 주식시장이 위험하다는 것이죠. 그래서 발빠른 자산가들은 주식을 팔고 채권으로 자산을 이동시킵니다. 이것이 High Yield 스프레드를 보면 나옵니다.

제2의 성공한 인생을 꿈꾼다면
해외주식 투자를 반드시 해야 합니다.

성공하고 싶다면
결국 여러분 안에
답이 있다는 것을 알게 될 것입니다.
그 답을 좇아가세요.

오늘의 주인공은 여러분입니다.
해외주식 투자로 모두 원하는 것을 이루시기를 바랍니다.